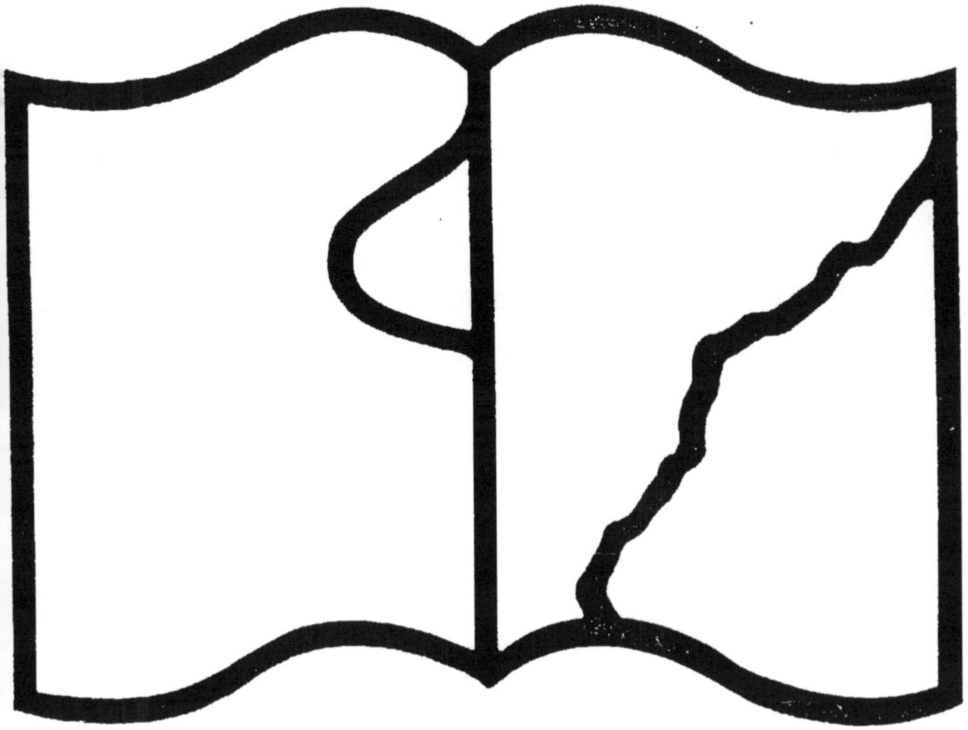

Texte détérioré — reliure défectueuse

NF Z 43-120-11

MINISTÈRE DE LA GUERRE.

DÉCRET

DU 12 JUIN 1867

PORTANT RÈGLEMENT

SUR LE SERVICE

DES FRAIS DE ROUTE

DES MILITAIRES ISOLÉS

SUIVI DES

Circulaires & Décrets survenus jusqu'à ce jour (Janvier 1878).

PARIS,

LIBRAIRIE MILITAIRE DE J. DUMAINE,

LIBRAIRE-ÉDITEUR,

Rue et Passage Dauphine, 30.

JANVIER 1878

DÉCRET

DU 12 JUIN 1867

PORTANT RÈGLEMENT

SUR LE SERVICE

DES FRAIS DE ROUTE

DES MILITAIRES ISOLÉS.

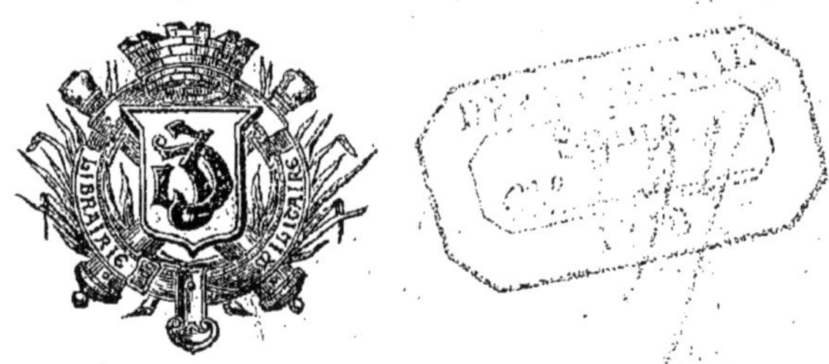

PARIS,

LIBRAIRIE MILITAIRE DE J. DUMAINE,

LIBRAIRE-ÉDITEUR,

Rue et Passage Dauphine, 30.

—

1877

Circulaire portant envoi du décret du 12 juin 1867, sur les frais de route des militaires isolés.

A MM. les Maréchaux et Généraux commandant les corps d'armée et les divisions et subdivisions territoriales; les Intendants généraux, Intendants et Sous-Intendants militaires, et aux conseils d'administration des corps de toutes armes.

Paris, le 7 août 1867.

Messieurs, j'ai l'honneur de vous adresser le décret impérial du 12 juin 1867, portant règlement sur les frais de route des militaires isolés.

Ce décret recevra son exécution à dater du 1er octobre prochain.

Le rapport à l'Empereur qui le précède vous fera connaître les motifs qui ont nécessité la réforme de l'ordonnance royale du 20 décembre 1837, ainsi que des divers décrets et des dispositions ministérielles qui l'ont suivie. J'y ajouterai quelques développements sur les points qui méritent le plus particulièrement de fixer votre attention.

Le règlement se divise en trois parties précédées d'un titre préliminaire.

TITRE PRÉLIMINAIRE.

L'instruction provisoire du 31 août 1863 a rétabli le voyage à pied, par étapes, pour les sous-officiers et soldats, tant pour se rendre aux chemins de fer que pour gagner leur destination après les avoir quittés. Cette disposition est maintenue, mais les art. 7 et 8 spécifient des cas d'exception qu'il importe de ne pas perdre de vue.

Voyages comprenant quatre distances d'étape au plus.

Il y a, la plupart du temps, économie à faire voyager à pied les militaires qui n'ont à franchir que de faibles distances; aussi le règlement prescrit-il que les voyages de quatre distances d'étape au plus soient faits à pied, mais *dans le cas seulement où ce mode présente une économie.*

On aurait pu étendre l'application de cette mesure à de plus longs trajets et même la généraliser; mais c'eût été imposer aux fonctionnaires chargés de l'exécution du service l'obligation de supputer pour chaque voyage le plus ou le moins d'économie résultant de l'un ou de l'autre mode; on serait retombé d'ailleurs dans les inconvénients que l'emploi des chemins de fer a en grande partie fait disparaître, savoir : longue absence des militaires de leurs corps, — usure des effets, — entrée et séjour abusifs dans les hospices des lieux de passage, etc., etc.

Militaires cités devant les tribunaux.

L'art. 8 dispose que les fonctionnaires de l'Intendance seront juges de la nécessité d'accorder le transport en diligence aux sous-officiers et soldats cités devant les tribunaux, mais l'exception ne doit pas devenir la règle ; il importe donc que les autorités (chefs de corps ou autres) chargées de la transmission des ordres ou cédules en fassent la remise aux intéressés assez à temps pour leur permettre d'arriver au lieu de convocation dans les délais fixés, sans employer la diligence. Je n'hésiterais pas à laisser à la charge de qui de droit le surcroît de dépense qui résulterait de l'emploi forcé de ce mode de transport, en cas d'infraction à cette recommandation.

PREMIÈRE PARTIE.

TITRE Ier.

RÈGLES D'ALLOCATION.

Indemnité de transport fixe allouée aux officiers.

L'indemnité de transport fixe, dont le taux est de 5 francs par voyage, est accordée aux officiers seulement, et j'appelle l'attention des fonctionnaires de l'Intendance et de leurs suppléants sur les cas de restriction ou d'exclusion consignés au tableau A des positions, inséré à la suite du règlement.

Cette indemnité, spéciale aux officiers, n'est pas allouée aux adjudants sous-officiers, ni aux employés militaires qui leur sont assimilés, lorsqu'ils reçoivent d'après les tarifs, l'indemnité de transport kilométrique attribuée aux officiers du grade de sous-lieutenant.

Indemnité journalière.

L'instruction provisoire n'allouait pas l'indemnité journalière pour les voyages n'excédant pas 40 kilomètres sur les chemins de fer ou 12 kilomètres en diligence. Cette exclusion n'est pas maintenue dans le règlement, qui n'en prescrit l'application que pour les fins de parcours comprises dans ces limites.

Il convient de remarquer néanmoins que toute distance franchie à pied et n'excédant pas 12 kilomètres ne donne pas droit à l'indemnité journalière, attendu que, suivant l'art. 29, il n'est accordé, pour ce trajet, aucun délai de route.

Dans le cas dont il s'agit, les militaires doivent se mettre en route d'assez bonne heure pour arriver à destination avant le repas du matin, ce qui est toujours praticable, puisqu'ils ne sont pas astreints aux heures de départ des trains de chemin de fer ou des voitures publiques, comme le sont les militaires auxquels il est alloué des moyens de transport.

Allocations aux officiers d'artillerie et aux contrôleurs en inspection d'armes.

Le décompte des allocations auxquelles ont droit les officiers d'artillerie et les contrôleurs lorsqu'ils procèdent à la visite des armes dans les corps de troupe et dans les établissements militaires, était l'objet de fréquentes réclamations de la part des intéressés. L'art. 20 a été rédigé de manière à embrasser tous les cas qui peuvent se présenter, et à éviter toute difficulté à l'avenir.

Minimum de parcours à effectuer par journée de route.

L'art. 27 fixe invariablement pour les militaires de tous grades à 360 kilomètres le minimum de la distance à franchir sur les chemins de fer, par journée de route de 24 heures. L'instruction provisoire avait porté cette limite à 400 kilomètres pour les officiers supérieurs; mais les considérations qui avaient motivé cette mesure n'ont pas paru suffisantes pour en justifier le maintien.

Délai de tolérance.

Les officiers jouissent d'un droit de tolérance de quatre jours pleins, lorsqu'ils se déplacent pour le service, à moins que la mention contraire n'en soit faite sur l'ordre ou la lettre de service.

L'omission involontaire de cette formalité pourrait présenter des inconvénients auxquels on a remédié en spécifiant à l'art. 32 les numéros des positions dans lesquelles le délai de tolérance n'est pas accordé, comme étant incompatible avec la nature de la mutation.

Le délai de deux jours que l'instruction provisoire accordait aux sous-officiers et aux soldats n'a pas été maintenu dans le règlement, par la raison que ces militaires sont toujours admis à produire la preuve des cas de force majeure ayant occasionné des retards, et que d'ailleurs, les délais de route sont calculés d'une manière assez large pour comprendre les temps d'arrêt dans les stations où se croisent les lignes de chemin de fer et dans les lieux de correspondance des voitures publiques.

TITRE II.

DE L'APPLICATION DES RÈGLES D'ALLOCATION.

Constatation du droit.

Les positions dans lesquelles les militaires de tous grades ont droit à l'indemnité de route sont énumérées au tableau A annexé

au règlement ; des observations placées on regard de certaines positions font connaître les cas de restriction ou d'exclusion du droit
à l'indemnité.

Les cas d'exclusion sont en outre présentés dans le tableau A¹, où
l'on a réuni, à titre de renseignement seulement, les décisions
prises jusqu'ici sur la matière.

J'espère donc que la constatation du droit pourra être facilement
établie : toutefois les cas qui échapperaient à la saine interprétation du règlement me seront soumis, et les décisions auxquelles
ils donneraient lieu, après avoir été notifiées par le *Journal militaire*, seront insérées à la suite des tableaux A ou A¹ suivant le cas,
par les détenteurs du règlement.

Militaires ayant dissipé leurs indemnités et réclamant les avances en route.

J'appelle toute la sévérité des chefs de corps sur les militaires
qui leur seront signalés comme ayant dissipé leurs indemnités et
auxquels il y aura eu lieu de faire des avances en argent, conformément à l'article 51. Ce n'est que pour éviter des frais de conduite onéreux au Trésor que j'ai renoncé à faire escorter par la
gendarmerie jusqu'à leur destination les militaires qui se trouvent
dans le cas dont il s'agit; mais les autorités militaires locales doivent éviter d'obérer les masses individuelles et user fréquemment
de la faculté que leur a accordée l'art. 52 à l'égard des militaires
qui sont en congé ou en permission : il ne sera pas inutile que
cette dernière disposition soit portée à la connaissance des troupes
par la voie de l'ordre.

Du tracé des itinéraires. — Documents à consulter.

Le tracé des itinéraires est l'élément le plus important du décompte et la première formalité à laquelle donne lieu la satisfaction du droit constaté.

Le livret spécial de juin 1861 ne donne à cet égard que des indications incomplètes; il fait connaître les directions entre rési-
dences de sous-intendants militaires, ainsi que les distances qui
les séparent. Ce document, déjà sensiblement modifié depuis sa
publication, doit toujours être tenu au courant des changements
qu'apporte à la circulation l'extension du réseau des chemins de
fer : il sera refondu entièrement après l'achèvement du réseau et
présentera le tracé des itinéraires depuis le point de départ jusqu'au lieu de destination. En attendant, cette dernière lacune doit
être comblée par le *Livret des itinéraires à suivre en dehors des voies
ferrées,* qui fait connaître les stations où les militaires doivent
prendre ou quitter les voies ferrées, ainsi que le nombre d'étapes
et la distance en kilomètres qui sépare ces stations des points de
départ et de destination. Ce livret, qui est aussi sujet à modifications, sera tenu au courant d'après les bulletins que publiera mon
administration lorsqu'elle en reconnaîtra la nécessité. Cependant,

je compte sur le zèle des fonctionnaires de l'intendance, qui, sans attendre la publication de ces bulletins, devront modifier d'euxmêmes, dans le sens de l'économie, les indications du Livret, aussitôt l'ouverture de nouvelles lignes.

Responsabilité pécuniaire des ordonnateurs.

Je me réserve de statuer, au fur et à mesure qu'ils se produiront, sur les cas de responsabilité pécuniaire encourue par les ordonnateurs des frais de route. Je n'hésiterai pas à faire remonter l'effet de cette responsabilité jusqu'aux autorités qui, par des titres erronés ou des invitations de feuilles de route incomplètes, auraient pu induire les ordonnateurs en erreur.

TITRE III.

DE LA COMPTABILITÉ.

Il n'est rien changé à la comptabilité telle qu'elle s'établit aujourd'hui. Les dispositions du titre 6 de l'ordonnance royale du 20 décembre 1837 ont été seulement mises en harmonie avec le principe de l'article 179 de l'ordonnance du 10 mai 1844 pour le remboursement des avances faites aux militaires des corps de troupes. Ce principe avait été appliqué depuis 1844 par analogie, mais sans prescription écrite, au remboursement des avances faites aux militaires qui n'ont pas de masse individuelle, ainsi qu'au remboursement des sommes laissées à la charge des ordonnateurs pour paiements indûment faits : le nouveau règlement en prescrit l'application d'une manière générale.

TITRE IV.

Le titre 4 traite des dépenses à la charge des ministères étrangers à celui de la guerre et de la ville de Paris ; il reproduit littéralement les règles tracées par l'ordonnance de 1837.

DEUXIÈME PARTIE.

DE L'INDEMNITÉ DE DÉPLACEMENT ET DE L'INDEMNITÉ EXTRAORDINAIRE DE VOYAGE.

L'indemnité de déplacement attribuée aux officiers généraux et aux fonctionnaires assimilés est ordonnancée et payée dans la même forme que l'indemnité de route, et la régularisation des paiements est faite au titre de la 1re section. Cette nouvelle disposition facilitera la perception des indemnités dues aux officiers généraux en les affranchissant de justifications spéciales.

L'indemnité extraordinaire de voyage remplace l'indemnité de frais de poste dont la dénomination seule est changée comme n'étant plus en rapport avec les moyens de transport en usage. Les modes actuels de justification et d'ordonnancement sont conservés ainsi que les tarifs existants.

TROISIÈME PARTIE.

Les secours et avances aux militaires marchant ou séjournant isolément en pays étranger sont régis d'après les dispositions de l'ordonnance du 20 décembre 1837, qui n'ont été modifiées que par la prescription de faire voyager sur les chemins de fer les militaires qui reçoivent ces sortes d'allocation.

Le mode de remboursement des avances est soumis à la règle commune dérivant du principe de l'article 179 de l'ordonnance du 10 mai 1844.

Il n'a rien été changé à la réglementation des frais de rapatriement.

RÉSUMÉ.

Tel est, Messieurs, l'exposé rapide des principales dispositions du règlement qui va recevoir son application. Pour la plupart, elles ont été mises en essai depuis le 31 août 1863, et elles n'ont été modifiées que dans le sens des observations critiques qu'elles avaient soulevées. Aucune difficulté n'est donc à prévoir. L'expérience a démontré les avantages que mon administration doit attendre de la nouvelle législation au point de vue de l'intérêt de l'armée; les allocations ont été calculées de manière à satisfaire rigoureusement à tous les besoins; vous n'admettriez, en conséquence, qu'avec la plus grande réserve, pour me les soumettre, les réclamations qui vous parviendraient.

Vous voudrez bien m'accuser réception de la présente dépêche et de l'envoi qui l'accompagne.

Recevez, Messieurs, l'assurance de ma considération la plus distinguée.

Le Maréchal de France,
Ministre Secrétaire d'Etat de la guerre,

Signé : NIEL.

RAPPORT A L'EMPEREUR.

Du 12 juin 1867.

Sire,

J'ai l'honneur de soumettre à l'approbation de Votre Majesté un projet de décret portant règlement sur les frais de route des militaires isolés.

Depuis trente ans, les conditions de viabilité se sont profondément modifiées, tant en France qu'à l'étranger ; l'emploi des chemins de fer s'est généralement répandu parmi les populations, qui y trouvent économie et célérité.

Le mode de voyager par étapes, tel que le prescrit, pour les militaires isolés, l'ordonnance royale du 20 décembre 1837, appelait donc une réforme radicale commandée par le double intérêt du service et du Trésor.

Dès 1850, un décret présidentiel, sans modifier les tarifs de 1837, avait assujetti les officiers à franchir par journée de route 112 kilomètres, représentant quatre distances d'étapes : c'était obliger les officiers à faire usage des diligences, et réduire au profit du service les délais de route dont ils jouissaient.

Bientôt après, le décret impérial du 15 juin 1853 rendit en outre obligatoire, pour ces mêmes officiers, l'emploi des voies ferrées. Les tarifs furent mis en rapport avec les prix payés aux compagnies de chemins de fer, dont les cahiers des charges assuraient aux militaires une réduction de moitié de la taxe légale. Le prix militaire ayant été ultérieurement fixé au quart de la taxe, les allocations subirent une réduction correspondante. Ce fut le but du décret impérial du 11 juin 1858.

Ces divers changements n'avaient affecté jusque-là que les frais de route des officiers. Les sous-officiers et soldats, qui étaient toujours supposés voyager à pied, recevaient une indemnité invariable pour chaque distance d'étape, conformément à l'ordonnance de 1837. En réalité, ils prenaient les chemins de fer, et il en résultait pour eux des économies de temps et d'argent qu'ils dissipaient dans des lieux de passage. Le Trésor supportait donc une charge inutile, en même temps que la discipline souffrait de cet état de choses.

Frappé de ces considérations, mon prédécesseur prit, le 7 juin 1861, un arrêté qui rendit applicable aux sous-officiers et aux soldats les règles en vigueur pour les déplacements des officiers.

Mais la mesure de faire voyager en diligence les sous-officiers et les soldats dans toutes les positions, comme les officiers, était trop générale; il en résulta un surcroît de dépense non compensé par des avantages correspondants : il fallut donc prendre un moyen terme en conservant le transport sur les chemins de fer pour les militaires de tous grades, et rétablissant le voyage par étapes en dehors des voies ferrées, pour les sous-officiers et les soldats. Tel a été le but de l'Instruction provisoire du 31 août 1863. Cette réglementation a ramené les dépenses dans de justes limites, tout en permettant d'augmenter le taux de l'indemnité de route affectée aux sous-officiers et soldats ainsi qu'aux officiers jusqu'au grade de chef de bataillon inclusivement.

Le moment est venu de rendre définitives ces dispositions qui forment la base du règlement élaboré sous l'administration de mon prédécesseur, et dans lequel ont été introduites toutes les améliorations qui sont le fruit de près de quatre années d'épreuve. Ce règlement, destiné à remplacer l'ordonnance royale du 20 décembre 1837 et les décrets qui l'ont suivie, ramènera l'unité dans l'exécution du service des frais de route dont les dispositions sont aujourd'hui éparses dans le recueil des trente dernières années du *Journal militaire officiel.*

Si Votre Majesté daigne revêtir de sa sanction le projet de décret ci-joint, elle donnera à l'armée une nouvelle preuve de sa sollicitude pour tout ce qui touche au bien-être du soldat.

Je suis avec le plus profond respect,

SIRE,

de Votre Majesté,

le très-obéissant, très-dévoué serviteur
et très-fidèle sujet,

Le Maréchal de France,
Ministre Secrétaire d'État de la guerre,

NIEL.

TABLEAU SYNOPTIQUE.

TITRE PRÉLIMINAIRE.

PREMIÈRE PARTIE.

De l'indemnité de route, des avances en argent et en effets. — Des fournitures d'effets au compte de l'Etat, dans l'intérieur de l'Empire.

TITRE Ier.—RÈGLES D'ALLOCATION. . . . .
- CHAP. Ier. — De l'indemnité de route.
- CHAP. II. — Des avances en argent ou en effets de petit équipement.
- CHAP. III. — Des fournitures d'effets au compte de l'Etat.

TITRE II.—APPLICATION DES RÈGLES D'ALLOCATION . . .
- CHAP. Ier. — Constatation du droit.
  - Sect. 1re. — Positions donnant droit aux allocations.
  - Sect. 2. — Fonctionnaires chargés d'appliquer les règles.
  - Sect. 3. — Du paiement.
- CHAP. II. — Satisfaction du droit.
  - Sect. 1re. — Du décompte des indemnités.
  - Sect. 2. — De l'ordonnancement.
  - Sect. 3. — Du paiement.

TITRE III.—DE LA COMPTABILITÉ . . . .
- CHAP. Ier. — De la liquidation, de l'imputation et de la justification des dépenses.
- CHAP. II. — De la régularisation des dépenses.
  - Sect. 1re. — Dépenses particulières à l'indemnité de route.
  - Sect. 2. — Dépenses particulières aux avances en argent et en effets.
- CHAP. III. — Des vérifications dans les bureaux du ministère de la guerre.

DEUXIÈME PARTIE.

De l'indemnité de déplacement à l'intérieur de l'Empire. — De l'indemnité extraordinaire de voyage à l'intérieur et à l'étranger.

TROISIÈME PARTIE.

Des secours et avances aux militaires français marchant ou séjournant isolément en pays étranger.

DÉCRET

DU 12 JUIN 1867

PORTANT RÈGLEMENT

SUR LE SERVICE

DES FRAIS DE ROUTE

DES MILITAIRES ISOLÉS.

NAPOLÉON, PAR LA GRACE DE DIEU ET LA VOLONTÉ NATIONALE, EMPEREUR DES FRANÇAIS, à tous présents et à venir, salut :

Vu l'ordonnance royale du 20 décembre 1837 sur les indemnités et avances payables aux militaires voyageant isolément ;

Considérant que cette partie du service administratif de l'armée est susceptible d'importantes améliorations, et qu'il est nécessaire de régler les indemnités de voyage en tenant compte du progrès qui s'est accompli dans l'état de la viabilité tant en France qu'à l'étranger ;

Sur le rapport de notre Ministre Secrétaire d'Etat au département de la guerre ;

AVONS DÉCRÉTÉ ET DÉCRÉTONS ce qui suit :

TITRE PRÉLIMINAIRE.

Objet du service des frais de route.

Art. 1er. Le service des frais de route a pour but de pourvoir aux dépenses occasionnées par les déplacements des militaires, fonctionnaires et employés militaires voyageant isolément pour cause de service ou de santé.

Il pourvoit aussi, accidentellement, aux mêmes dépenses pour certaines **catégories** d'individus étrangers au département de la guerre.

Distinction des dépenses.

Art. 2. Les dépenses sont ou au **compte** de l'Etat ou à titre de remboursement par les parties prenantes.

Dépenses au compte de l'État.

Art. 3. Les dépenses au compte de l'Etat sont les suivantes :

L'indemnité de route,
L'indemnité de déplacement,
Les fournitures d'effets de petit équipement, } accordées dans l'intérieur de l'Empire.

L'indemnité extraordinaire de voyage (accordée dans l'intérieur de l'Empire et à l'étranger).
Les secours en argent et en effets (à l'étranger).

Dépenses à titre de remboursement.

Art. 4. Elles consistent en :

Avances en argent ou en effets de petit équipement (accordées à l'intérieur de l'Empire).
Avances en argent aux officiers (accordées à l'étranger).

Modes de locomotion prescrits aux officiers.

Art. 5. Les officiers, ainsi que les fonctionnaires et les **employés** militaires traités comme officiers, voyageant isolément, sont transportés sur les chemins de fer, et en diligence sur les routes ordinaires, du point de départ jusqu'à destination. Ils peuvent aussi voyager à pied par étapes, exceptionnellement.

Modes de locomotion prescrits aux sous-officiers et soldats.

Art. 6. Les sous-officiers et soldats, ainsi que les **employés** militaires ou gagistes assimilés, sont transportés sur les **chemins** de fer. En dehors des voies ferrées, ils voyagent à pied par étapes.

Cas où les sous-officiers et soldats voyagent à pied à l'exclusion des chemins de fer.

Art. 7. Les sous-officiers et soldats voyagent à pied, lorsque ce mode de locomotion présente une économie sur l'emploi des voies ferrées et qu'en même temps le trajet ne dépasse pas quatre distances d'étape.

Cas où les sous-officiers et soldats sont transportés en diligence sur les routes ordinaires.

Art. 8. Les sous-officiers et soldats sont transportés en diligence sur les routes ordinaires dans les cas suivants : 1º lorsqu'ils voyagent d'urgence d'après l'ordre d'un officier général ou d'un intendant militaire ; 2º lorsqu'ils sont assignés comme témoins devant les tribunaux civils ou militaires, ou convoqués comme juges d'un tribunal militaire, ou enfin cités à comparaître comme accusés devant un tribunal de police correctionnelle, si le sous-intendant militaire reconnaît la nécessité d'employer ce mode de transport pour permettre aux sous-officiers et soldats d'arriver dans les délais prescrits par les cédules ou ordres de convocation (1).

Transports par eau des militaires de tous grades.

Art. 9. Sur les points de communications maritimes ou fluviales où il existe des traités entre l'Etat et les entreprises, les militaires de tous grades sont transportés par bateaux à vapeur, navires à voiles, balancelles, etc. Ils sont toujours transportés de préférence par les bâtiments de la marine impériale.

Militaires ayant droit aux convois.

Art. 10. Les militaires ayant droit aux convois, voyagent suivant les règles posées par l'instruction spéciale sur ce service.

PREMIÈRE PARTIE.

De l'Indemnité de route. — Des Avances en argent et en effets. — Des Fournitures d'effets au compte de l'Etat dans l'intérieur de l'Empire.

TITRE PREMIER.

RÈGLES D'ALLOCATION.

CHAPITRE Ier.

DE L'INDEMNITÉ DE ROUTE.

Objet de l'indemnité de route.

Art. 11. L'indemnité de route a pour objet : quant à l'officier, de lui fournir les moyens de subvenir, conjointement avec sa solde, à la dépense de son transport et de sa subsistance en route; quant au sous-officier ou soldat, de lui permettre de subvenir aux mêmes besoins, sans le secours de sa solde.

---

(1) Les autorités chargées de transmettre les cédules ne doivent apporter aucun retard dans la remise qui doit en être faite aux intéressés.

A qui allouée.

Art. 12. L'indemnité de route est allouée, d'après le tarif n° 1 :

1° Aux officiers supérieurs, — aux officiers subalternes, — aux sous-officiers et soldats, lorsqu'ils voyagent isolément dans une des positions définies à l'art. 43 ;

2° Aux militaires marchant sous le commandement de l'un d'eux sans recevoir la solde de route ;

3° Aux jeunes soldats des deux portions du contingent se rendant au lieu de rassemblement et dans les dépôts d'instruction ou en revenant.

L'indemnité de route comprend diverses allocations.

Art. 13. L'indemnité de route se divise en indemnité de transport et indemnité journalière.

De l'indemnité de transport.

Art. 14. L'indemnité de transport comprend une indemnité kilométrique et une indemnité fixe ; cette dernière n'est attribuée qu'aux officiers.

L'indemnité kilométrique est allouée, quelle que soit la distance :

Aux officiers — à raison du nombre de kilomètres à parcourir du point de départ jusqu'à destination, tant sur les chemins de fer que sur les routes ordinaires ;

Aux sous-officiers et soldats — comme ci-dessus, mais sur les chemins de fer seulement, sous les réserves spécifiées à l'art. 8.

L'indemnité fixe pourvoit au transport de l'officier et de son bagage, de son domicile à la gare du chemin de fer ou aux bureaux de la diligence et *vice versâ*, tant au point de départ qu'au lieu de destination. Elle est allouée pour chacun des déplacements successifs auxquels est assujetti l'officier par son ordre ou sa lettre de service, sauf dans les cas de restriction ou de suppression prévus au présent Règlement et au tableau A qui y fait suite.

De l'indemnité journalière.

Art. 15. L'indemnité journalière, destinée à pourvoir à la subsistance des militaires en route, est allouée aux officiers, sous-officiers et soldats pour chaque journée passée en route, quel que soit le mode de transport ou de locomotion employé.

Les indemnités de transport et journalière sont allouées cumulativement.

Art. 16. Les indemnités de transport et journalière sont allouées cumulativement, sauf dans les cas ci-après.

Art. 17. L'indemnité kilométrique de transport est allouée seule pour toute fin de parcours (1) n'excédant pas 40 kilomètres sur les chemins de fer ou 12 kilomètres en diligence sur les routes ordinaires.

Art. 18. L'indemnité journalière est allouée seule dans les cas suivants :

1° Toutes les fois que le transport est assuré soit au moyen de réquisitions sur les chemins de fer, soit au moyen de mandats de convoi sur les routes ordinaires ;

2° Pour chaque étape, ou distance équivalente franchie à pied ;

3° Dans les cas prévus par l'art. 9, lorsque la subsistance n'est pas assurée par les soins du bord.

Art. 19. Lorque, dans un voyage, l'aller et le retour doivent avoir lieu ou ont eu lieu le même jour, l'indemnité journalière n'est allouée que pour une seule journée. Il en est toujours ainsi, quand la distance du point de départ au lieu de destination n'excède pas 40 kilomètres sur les chemins de fer ou 12 kilomètres sur les routes ordinaires (2).

Si les exigences du service ou toute autre circonstance s'opposent à ce que le retour ait lieu le jour du départ et s'il en est justifié conformément aux prescriptions de l'art. 54, l'indemnité journalière est allouée par voie de rappel pour le retour, ainsi que l'indemnité de séjour quand il y a lieu.

L'indemnité fixe de transport n'est pas due dans les positions énumérées au présent article.

Art. 20. § 1er. Les officiers d'artillerie et les contrôleurs procédant à la visite des armes dans la division territoriale du lieu de leur résidence (3) reçoivent l'*indemnité kilométrique de transport* et

---

(1) On désigne ainsi la distance restant à parcourir après une ou plusieurs journées entières de route.

(2) Paragraphe modifié par l'article 1er du décret du 18 juillet 1876, en ce qui concerne les jeunes soldats appelés à l'activité, les disponibles et les réservistes de l'armée active, les hommes de l'armée territoriale, rappelés au corps, lesquels ne reçoivent l'indemnité de route que s'ils ont à franchir plus de 24 kilomètres tant sur les chemins de fer que sur les routes ordinaires.

(3) La résidence d'un officier d'artillerie est le lieu de garnison du corps auquel il compte comme présent ; s'il en est détaché, c'est pour lui, comme pour le contrôleur, le lieu où est situé l'établissement auquel il appartient.

l'*indemnité journalière*, d'après les règles posées par les art. 15, 16 et 17, sous les réserves spécifiées à l'art. 19.

L'*indemnité fixe de transport* n'est allouée que pour le premier et le dernier voyage, quelle que soit la durée de la mission. Toutefois, si les opérations doivent se continuer dans une ou plusieurs divisions non contiguës à la première, cette indemnité est allouée une fois de plus pour chaque nouvelle division dans laquelle les officiers d'artillerie ou contrôleurs sont tenus de se transporter.

§ 2. Sont traités de la même manière, les officiers d'artillerie ou contrôleurs chargés d'inspecter les armes dans toute division territoriale autre que celle de leur résidence ; mais ils reçoivent en outre les indemnités kilométrique et fixe de transport, ainsi que l'indemnité journalière, pour se rendre dans cette division et pour rejoindre leur poste après l'accomplissement de leur mission.

L'indemnité de route n'est pas due aux officiers voyageant dans l'étendue de leur circonscription militaire ou administrative.

Art. 21. Les officiers qui voyagent sans ordre supérieur pour l'exercice de leurs fonctions dans l'étendue de la circonscription territoriale où stationne la troupe qu'ils commandent, ou dans celle assignée à leur service, n'ont pas droit à l'indemnité de route, sauf dans les cas particuliers spécifiés au tableau A des positions individuelles et dans ceux sur lesquels il est réservé au Ministre de statuer.

Toutefois, si les fonctions de ces officiers s'étendent à plusieurs circonscriptions territoriales, ils reçoivent l'indemnité de route pour se rendre et voyager dans les circonscriptions autres que celle où ils résident, et pour en revenir.

L'indemnité de route est allouée d'après le grade effectif du militaire.

Art. 22. L'indemnité de route est attribuée, conformément au tarif, d'après le grade effectif du militaire, quelle que soit sa fonction (1).

L'indemnité de route ne se cumule avec aucune autre allocation de voyage.

Art. 23. L'indemnité de route ne peut se cumuler avec aucune allocation de voyage : Indemnité de déplacement ; indemnité extraordinaire de voyage ; frais spéciaux autorisés par le Ministre ; solde de route ; indemnité de séjour. Toute fourniture de vivres en nature exclut également le droit à l'indemnité de route.

Par exception, les officiers d'artillerie en inspection d'armes, et les contrôleurs d'armes qui les accompagnent, reçoivent l'indem-

---

(1) Article modifié par l'article 2 du décret du 18 juillet 1876, en ce qui concerne les disponibles, réservistes et hommes de l'armée territoriale, rappelés au corps, lesquels reçoivent une indemnité journalière fixée à 1 fr. 25, quel que soit leur grade.

nité journalière concurremment avec l'indemnité de déplacement qui leur est attribuée, sur les fonds particuliers du service de l'artillerie, pour les jours d'arrivée dans les places où ils doivent procéder à la visite des armes.

De l'indemnité de séjour.

Art. 24. L'indemnité de séjour n'est autre que l'indemnité journalière afférente au grade.

Elle est allouée :

1° Pour chaque journée de séjour obligé dans une localité, sous réserve des justifications prescrites à l'art. 54 ;

2° Dans les cas prévus au tableau des positions individuelles.

Elle n'est acquise, dans toute autre position, que d'après la mention expresse insérée dans l'ordre ou la lettre de service qui doit fixer la durée du séjour ; si cette durée n'est pas fixée, l'indemnité de séjour ne peut être allouée pour une période de plus de quinze jours consécutifs, à moins d'une décision spéciale du Ministre.

L'indemnité de séjour ne se cumule pas.

Art. 25. L'indemnité de séjour ne se cumule avec aucun supplément de solde, ni avec la solde de route ; elle ne peut être allouée cumulativement avec toute autre allocation de voyage payable sur les fonds du service des frais de route, ou sur des fonds étrangers à ce service.

DES DÉLAIS DE ROUTE.

Tout déplacement donne droit à une journée de route au moins.

Art. 26. Tout déplacement donne droit à une journée de route au moins, sous la réserve spécifiée à l'art. 29.

Distances maxima à franchir par journée de route.

Art. 27. Les militaires auxquels il est fait des allocations de transport sont tenus de franchir par chaque journée les distances suivantes ; savoir (1) :

Sur les voies ferrées : officiers, sous-officiers et soldats. 360 kilom.
En diligence : officiers, sous-officiers et soldats, ... 120 kilom.

Fins de parcours.

Art. 28. Les fins de parcours ne donnent droit à une journée de

---

(1) Ces distances sont calculées de manière qu'en cas de changement de voie ferrée ou de mode de transport, les militaires aient le temps d'attendre, au point d'arrêt, les trains ou les voitures de correspondance.

route que lorsqu'elles excèdent 40 kilomètres sur les chemins de
fer ou 12 kilomètres en diligence.

Voyages à pied par étapes.

Art. 29. Il est accordé une journée de route pour chaque
étape (1) ou distance légale franchie à pied. Est réputée distance
légale, équivalente à une étape, toute distance de 24 kilomètres
parcourue sur les routes ordinaires en dehors des lignes d'étapes.

Les diverses fractions d'étape ou de distance légale à faire à pied
dans un même voyage, s'ajoutent et peuvent donner droit à une
ou plusieurs journées de route.

Toutefois il n'est accordé aucun délai pour les distances n'excédant pas 12 kilomètres.

Distances donnant droit exceptionnellement à une journée de route.

Art. 30. Il est compté une journée de route pour tout trajet inférieur à une étape ou à une distance légale, lorsque ce trajet se
rapporte à une évacuation de malades ou de blessés ou à la conduite de chevaux de remonte, si l'état de santé des hommes ou des
chevaux, ou bien le mauvais état des routes, s'oppose à ce que les
détachements en marche atteignent le gîte désigné dans l'itinéraire, sous réserve des justifications de cas de force majeure.

Traversées de mer.

Art. 31. Il est accordé une journée de route pour tout trajet effectué par navire à voiles, balancelle ou barque, lorsqu'il n'excède
pas 6 lieues marines par la ligne la plus courte. Toute fraction en
plus donne droit à une journée de route. Pour les traversées effectuées sur navires à vapeur, la distance maxima à franchir par journée de route est fixée à 20 lieues marines (2).

Délai de tolérance.

Art. 32. Les officiers jouissent d'un délai de tolérance de quatre
jours pleins. Ce délai s'ajoute aux délais de route; il est accordé
dans toutes les positions, à moins d'une mention contraire, dans
l'ordre ou la lettre de service.

Le délai de tolérance n'est pas accordé dans les cas prévus à
l'art. 19, ni dans les positions comprises au tableau A sous les
numéros 8, 9, 10, 11, 13, 14, 16, 17, 23, 26, 27, 28, 30, 31, 34 et
44.

---

(1) Le mot *étape* est souvent employé dans le cours du présent Règlement pour signifier
distance entre deux étapes voisines. Cette locution, consacrée par l'usage, a été adoptée
pour simplifier la rédaction.

(2) La lieue marine est de 5 kil. 556.

Des tarifs.

Art. 33. Les tarifs ne comprennent que la nomenclature des grades militaires, mais ils s'appliquent aux fonctionnaires, employés militaires ou autres, en raison de l'assimilation qui leur est conférée pour le droit aux indemnités par le tableau B.

CHAPITRE II.

DES AVANCES EN ARGENT OU EN EFFETS DE PETIT ÉQUIPEMENT.

Des avances en argent remboursables.

Art. 34. Les militaires de tous grades en activité voyageant isolément, dans une position ne donnant pas droit à l'indemnité de route, peuvent recevoir, dans des cas d'urgence, une avance en argent pour subvenir aux frais de leur voyage jusqu'à destination.

L'avance en argent ne doit pas dépasser le montant de l'indemnité de route correspondant au trajet pour lequel elle est réclamée.

Mode de remboursement des avances en argent.

Art. 35. Le remboursement des avances en argent a lieu, pour les officiers, sous-officiers et soldats, conformément aux dispositions des art. 105, 106, 122, 123 et 124 ci-après.

Des avances en effets de petit équipement remboursables.

Art. 36. Les sous-officiers et soldats en activité peuvent recevoir, à titre d'avance remboursable, et, en cas d'urgence, des effets de petit équipement :

1° Lorsqu'ils voyagent isolément avec ou sans l'indemnité de route ;

2° Lorsque, voyageant ou stationnant en détachement, ils ne sont pas à portée de recevoir ces effets des magasins des corps auxquels ils appartiennent.

Militaires auxquels il ne peut être fait d'avances en effets.

Art. 37. Il n'est fait aucune fourniture de ces effets aux sous-officiers et soldats rentrant dans leurs foyers par congé définitif, réforme ou retraite et à ceux qui, n'étant plus en activité, sont accidentellement appelés à faire un service militaire.

En quoi consistent ces effets.

Art. 38. Les effets de petit équipement dont la distribution est autorisée consistent en chemises, souliers et guêtres. Ils sont tirés des magasins centraux ou des magasins des corps stationnés dans la place ou, enfin, des dépôts d'approvisionnements formés en vertu de marchés passés avec l'approbation du Ministre.

Mode de remboursement du prix des effets.

Art. 39. Les prix de ces effets sont imputés sur la masse individuelle des militaires auxquels ils ont été délivrés à titre d'avance.

CHAPITRE III.

DES FOURNITURES D'EFFETS AU COMPTE DE L'ÉTAT.

Cas dans lesquels il peut être délivré des effets au compte de l'État,

Art. 40. Les effets de petit équipement désignés à l'art. 38 peuvent aussi, dans les cas d'indispensable nécessité, être délivrés au compte de l'Etat :

Aux déserteurs condamnés marchant sous l'escorte de la gendarmerie.	Sur la demande motivée du chef de l'escorte.
Aux déserteurs rayés des contrôles comme graciés, réformés ou libérés	Pour leur donner les moyens de rentrer dans leurs foyers.
Aux individus arrêtés comme déserteurs et reconnus ne l'être pas.	
Aux prisonniers de guerre assimilés aux sous - officiers et soldats de l'armée française	Pour leur donner les moyens de se transporter soit de la frontière au dépôt ou à la résidence qui leur est assignée, soit aux hôpitaux.

TITRE II.

APPLICATION DES RÈGLES D'ALLOCATION.

CHAPITRE 1er.

CONSTATATION DU DROIT.

SECTION 1ʳᵉ. — *Positions donnant droit aux allocations.*

Le droit résulte des positions.

Art. 41. Le droit aux allocations résulte des positions des parties prenantes.

Des positions générales.

Art. 42. Les positions générales dans lesquelles doivent se trouver les officiers, sous-officiers et soldats pour avoir droit aux allocations sont les suivantes, savoir :

§ 1er. *Activité.* — Militaires se déplaçant dans l'intérêt du service ou de leur santé. — Rentrant dans leurs foyers comme congédiés après libération provisoire ou définitive ou renvoyés pour cause de blessures ou d'infirmités. — Mis en disponibilité ou en non-activité et *vice versâ*, admis à la retraite ou mis en réforme.

§ 2. *Réforme ou retraite.* — Les militaires dans cette position n'ont droit à l'indemnité de route que lorsqu'ils sont légalement requis pour un service qui les oblige à s'éloigner temporairement de leur résidence.

§ 3. *Individus étrangers au département de la guerre.* — Ont aussi droit aux allocations lorsqu'ils voyagent isolément dans les positions définies ci-après :

Les invalides de la guerre . . . . }
Les sous-officiers et soldats de la réserve. }
Les officiers, sous-officiers et soldats de la garde nationale (1). . . . . }
Les officiers, sous-officiers et gardes de l'escadron des cent-gardes, à la solde du ministère de la maison de l'Empereur (2) . . . . } **Exécutant un service militaire ou y participant.**
Les officiers, sous-officiers et soldats, des troupes à la solde de la ville de Paris. }
Les officiers de santé civils . . . . . . }

Les prisonniers de guerre. . . . . } **D'après le tableau d'assimilation de leurs grades à ceux de l'armée française, arrêté par le Ministre.**
Les réfugiés militaires étrangers mis à la charge du ministère de la guerre . }

Les veuves et orphelins de militaires, fonctionnaires et employés militaires français. . . . . } **Lorsque leurs maris ou leurs pères sont décédés hors du continent ou en captivité.**

Les individus présumés déserteurs relaxés.

Des positions individuelles.

Art. 43. Le tableau A annexé au présent règlement donne le détail des positions dans lesquelles doivent se trouver les militaires pour avoir droit aux allocations.

Il ne peut être fait d'allocation dans toute position non définie audit tableau que sur l'ordre ou l'autorisation du Ministre de la guerre.

---

(1) Les gardes nationales ont été dissoutes par la loi du 25 août 1871.
(2) Le corps des cent-gardes a été licencié par décret du 5 octobre 1870.

SECTION II. — *Des fonctionnaires chargés d'appliquer les règles.*

Direction et contrôle du service des frais de route.

Art. 44. La direction et le contrôle du service des frais de route appartiennent aux intendants militaires qui soumettent au Ministre les résultats généraux de leurs vérifications.

Appréciation du droit des parties prenantes.

Art. 45. L'appréciation du droit des parties prenantes et l'ordonnancement des allocations à leur profit, sont dans les attributions des sous-intendants militaires et des adjoints à l'intendance, commissionnés pour en remplir les fonctions.

Ces fonctionnaires sont suppléés en cas d'absence, ainsi que dans les places où ils font défaut, d'après l'ordre indiqué ci-après :

1° Par les majors de place, ou les officiers qui les suppléent, dans les places de 1re classe ;
2° Par les commandants de place, dans toutes les autres villes de guerre ;
3° Par les conseillers de préfecture délégués, dans les chefs-lieux de département qui ne sont pas places de guerre ;
4° Par les sous-préfets, dans les chefs-lieux d'arrondissement qui ne sont pas places de guerre ;
5° Par les maires, dans toutes les autres localités.

Les commandants militaires des troupes stationnées dans une ville où il n'y a pas de commandant de place, n'exercent jamais les fonctions de sous-intendant militaire, qui sont remplies par les fonctionnaires de l'ordre civil énumérés plus haut.

SECTION III. — *Des formalités.*

Du registre de route tenu par les sous-intendants militaires et leurs suppléants.

Art. 46. § 1er. — Les sous-intendants militaires et leurs suppléants tiennent un registre de route destiné à recevoir l'inscription des feuilles de route et mandats délivrés dans le cours de chaque journée.

Ce registre, conforme au modèle (R) annexé au règlement, contient les principales indications portées sur la feuille de route. A la fin de chaque journée, il est paraphé par le fonctionnaire de manière à ne pas permettre l'intercalation de nouvelles inscriptions.

Chaque feuille de route ou mandat est enregistré sous un numéro d'ordre dont la série se continue pendant toute la durée d'un trimestre d'exercice.

§ 2. — A la fin de chaque mois, les sous-intendants militaires et leurs suppléants adressent au sous-intendant militaire chargé de

centraliser le service au chef-lieu du département, leurs registres
de route préalablement visés par eux.

Ces documents restent déposés dans les archives de ce fonctionnaire jusqu'à ce que les dépenses du trimestre qu'ils concernent
aient été définitivement liquidées.

De la feuille de route (1).

Art. 47. § 1er. — La feuille de route est indispensable à tout militaire qui se déplace étant en possession du droit à l'indemnité de
route (2).

Elle est conforme au modèle (F (1)) pour les officiers et au modèle (F (2)) pour les sous-officiers et soldats.

§ 2. — La feuille de route contient les renseignements suivants :

> L'arme, le corps, le bataillon ou l'escadron, la compagnie, le numéro à la
> matricule, les nom, prénoms, grade, signalement et mutation du militaire,
> — le lieu d'où il part, celui où il se rend, — la date du départ et celle
> de l'arrivée, — l'inscription des sommes qu'il reçoit pour faire sa route,
> enfin l'itinéraire qu'il doit suivre, en y comprenant les points d'arrêt des
> voies ferrées, les communications des diligences et les gites des étapes
> à franchir à pied.

Elle est destinée à recevoir aussi l'inscription de toutes les allocations qui peuvent être faites en route, soit en argent, soit en
effets.

§ 3. — La feuille de route est valable pour toute la durée d'un
voyage, aller et retour ; elle ne peut servir pour un nouveau
voyage qu'après avoir reçu le visa d'un des fonctionnaires désignés à l'art. 45.

§ 4. — Les maires ne délivrent pas de feuille de route, mais seulement des sauf-conduits conformes au modèle (F (3)) pour aller
jusqu'à la résidence la plus rapprochée d'un sous-intendant militaire ou d'un des autres suppléants sur la route à suivre.

Des droits qu'elle confère.

Art. 48. La feuille de route confère au titulaire les droits suivants :

1° Transport à prix réduit sur les chemins de fer, sans s'écarter
toutefois de la direction tracée par l'itinéraire ;

2° Transport à prix réduit, sur les chemins de fer, des bagages
du militaire, lorsqu'ils voyagent avec lui, jusqu'à concurrence des
poids ci-après :

---

(1) Voir la circulaire du 18 juillet 1871.

(2) Alinéa modifié par l'article 5 du décret du 18 juillet 1876, qui investit certaines
autorités militaires du droit de délivrer des ordres de mouvement rapide, pour tenir lieu
de feuilles de route, en cas de mobilisation ou dans les circonstances urgentes du service.

Sous-officiers et soldats.	70 kilogr.	Ces nombres comprennent celui
Officiers subalternes. . .	200 —	de 30 kilogr. de bagage, admis en franchise pour chaque voyageur ;
Officiers supérieurs . . .	300 —	
Officiers généraux. . . .		

3° Le droit au logement chez l'habitant dans les gîtes d'étape compris sur l'itinéraire.

Des titres qui autorisent la délivrance d'une feuille de route.

Art. 49. § 1ᵉʳ. — Un militaire qui réclame une feuille de route ne peut l'obtenir que s'il produit l'un des titres énumérés ci-dessous :

Une lettre de service émanant du Ministre ;
Un ordre émanant d'une autorité militaire compétente (officier général, intendant militaire) ;
Une commission ;
Un congé ;
Un billet d'hôpital.

§ 2. — L'ordre émanant d'une des autorités énumérées ci-dessus peut être notifié au sous-intendant militaire par le chef de corps ou de service, qui lui adresse une invitation de feuille de route.

Cette invitation collective ou individuelle, suivant le cas, contient tous les renseignements nécessaires pour permettre au sous-intendant militaire d'apprécier le droit des militaires qui y sont portés ; elle engage la responsabilité de l'officier qui la délivre.

§ 3. — Les titres énumérés au présent article doivent être préalablement visés par le fonctionnaire chargé de la surveillance administrative du corps ou de la classe d'officiers sans troupe, dont fait partie le militaire (1).

Mesures à prendre en route en cas de fausses allocations connues.

Art. 50. Le sous-intendant militaire qui s'aperçoit qu'une allocation a été abusivement faite, doit en refuser la continuation et mentionner son refus sur la feuille de route.

Il fait connaître directement à l'intendant de la division où se rend la partie prenante, la somme qu'elle a indûment touchée, pour mettre ce fonctionnaire à même d'en poursuivre le remboursement, sans préjudice de la responsabilité encourue par l'ordonnateur de la dépense.

Militaires réclamant des avances en route après avoir dissipé leur argent (2).

Art. 51. Lorsqu'un militaire ayant reçu au départ les indemnités auxquelles il avait droit se présente en route devant un sous-inten-

---

(1) Voir la circulaire du 27 mars 1874.
(2) Voir la circulaire du 12 octobre 1867.

dant militaire et lui demande une avance en argent en déclarant
être à bout de ressources, ce fonctionnaire le remet entre les
mains de l'autorité militaire, qui le fait conduire à pied, sous l'escorte de la gendarmerie, jusqu'à la station du chemin de fer la plus
rapprochée ou jusqu'à la première étape, selon que le reste du
voyage doit être effectué par les voies ferrées ou à pied par étapes.

Le sous-intendant délivre à ce militaire, à titre d'avance imputable sur sa masse, un mandat de la somme strictement nécessaire
pour rejoindre sa destination.

Militaires s'écartant de la route tracée par leur itinéraire (1).

Art. 52. Les dispositions de l'article précédent s'appliquent aux
militaires qui, n'étant pas sur leur route, se trouvent sans ressources pour atteindre leur destination.

L'autorité militaire peut, si elle le juge convenable, renvoyer à
leur corps, par mesure disciplinaire, les militaires qui, allant en
congé ou en permission, se sont écartés de leur route. Dans ce
cas, ils reçoivent l'indemnité de route pour rejoindre leur corps,
par application de la position n° 48 du tableau A.

Militaires entrant dans les hôpitaux ou les hospices civils (2).

Art. 53. Le militaire qui entre, sur sa route, à l'hôpital ou à
l'hospice civil, est tenu de déposer entre les mains du comptable
ou de l'économe le montant des sommes qu'il a reçues à titre d'indemnité de route, et dont il n'a pas encore fait emploi.

Le dépôt est constaté sur la feuille de route du militaire.

Ces sommes lui sont rendues à la sortie de l'établissement, si sa
position n'est pas modifiée ; dans le cas contraire, il est rendu
compte au sous-intendant militaire, qui prend des mesures, soit
pour faire reverser au Trésor les sommes auxquelles n'aurait plus
droit le militaire pour se rendre à sa nouvelle destination, soit au
contraire pour étendre ses allocations et les mettre en rapport avec
les besoins de sa nouvelle position.

En cas de décès dans l'établissement, le sous-intendant dresse
le décompte des sommes qui doivent faire retour à l'Etat, et prescrit
au comptable ou à l'économe d'en opérer immédiatement le reversement au Trésor.

Si le militaire, à sa sortie de l'hôpital ou de l'hospice civil, n'a

______

(1) Voir l'article 23 du Règlement du 1er juillet 1874 pour les transports militaires
par chemins de fer.

(2) Pour l'exécution des dispositions du présent article, le comptable ou l'économe de
l'hospice adresse sans retard au sous-intendant militaire les feuilles de route des hommes
désignés pour sortir de l'établissement. Ce fonctionnaire établit, suivant le cas, un mandat d'indemnité de route, ou un mandat d'avance, ou enfin un ordre de reversement. Il
annexe ces pièces aux feuilles de route qu'il renvoie au comptable ou à l'économe.

Les mandats sont préalablement visés par le payeur, qui en prescrit le paiement à la
caisse du Trésor la plus rapprochée de l'établissement hospitalier.

pas droit à l'indemnité de route et s'il est dénué de ressources, le sous-intendant lui fait une avance en argent imputable sur sa masse individuelle.

Cas de séjour obligé.

Art. 54. Lorsqu'un militaire séjourne en route par une circonstance indépendante de sa volonté, il s'adresse à l'autorité militaire et à défaut au commandant de la gendarmerie, qui constate sur la feuille de route la nécessité du séjour et en fixe la durée.

Dans le cas prévu par l'art. 19, la constatation peut être faite par l'autorité civile ou militaire auprès de laquelle les militaires remplissent leur mission.

Cas de perte d'une feuille de route.

Art. 55. Un militaire qui a perdu sa feuille de route, en fait la déclaration au sous-intendant militaire ou à son suppléant, qui prend les mesures suivantes :

S'il s'agit d'un officier, il reçoit sa déclaration et lui délivre une nouvelle feuille de route sur laquelle il mentionne les allocations perçues depuis le départ d'après les allégations et sous la responsabilité de l'officier.

S'il s'agit d'un sous-officier ou soldat et que le sous-intendant n'ait aucun doute sur son identité, il lui délivre une feuille de route en y mentionnant qu'elle ne confère aucun droit à l'indemnité de route.

Si l'identité du militaire ne peut être établie, le sous-intendant le remet à l'autorité militaire, qui le place en subsistance dans un des corps de la garnison ou l'envoie à la maison d'arrêt, selon que, d'après sa déclaration, elle le juge appartenir à l'armée ou lui être étranger.

Ce fonctionnaire écrit aussitôt à son collègue qui a délivré la feuille de route, ainsi qu'au conseil d'administration du corps auquel l'homme déclare appartenir.

Si les renseignements obtenus confirment la déclaration du militaire, il reçoit une nouvelle feuille de route sans indemnité pour continuer son voyage.

Ces dispositions sont obligatoires pour les suppléants des sous-intendants militaires autres que les maires, et si la déclaration de perte de la feuille de route est faite au maire d'une commune dans laquelle il ne réside ni sous-intendant ni tout autre suppléant, le militaire est renvoyé avec un sauf-conduit devant celle de ces autorités qui se trouve le plus à proximité sur la route à suivre.

Dispositions communes aux avances en argent et en effets, et aux fournitures d'effets
au compte de l'État.

Art. 56. Un sous-intendant militaire ou un suppléant, avant de faire à un militaire une avance en argent ou en effets de petit équipement, et avant d'autoriser une fourniture d'effets au compte de l'Etat, se fait présenter le livret du militaire.

S'il juge qu'en raison de la date récente de la dernière avance et de son importance, le militaire a dissipé son argent, il lui fait application des dispositions de l'art. 51.

S'il s'agit d'une avance en effets ou d'une fourniture d'effets au compte de l'Etat, et si la date récente de la dernière distribution d'effets de même nature lui fait supposer que le militaire les ait vendus, il le livre à l'autorité militaire, qui le fait conduire à pied, sous escorte, à son corps chargé d'instruire la plainte.

Du visa de la feuille de route à l'arrivée.

Art. 57. A son arrivée dans ses foyers, le militaire présente sa feuille de route au sous-intendant militaire ou à son suppléant légal, ou à défaut, au commandant de la gendarmerie, qui y appose un visa daté.

Les feuilles de route des militaires libérés définitivement ou par anticipation sont remises au commandant du dépôt de recrutement et, à défaut, aux commandants des brigades de gendarmerie, chargés de les lui adresser. Cet officier transmet les feuilles de route au sous-intendant militaire qui, après les avoir examinées, les fait parvenir au conseil d'administration du corps.

Si le militaire doit rejoindre, il fait viser de nouveau sa feuille de route pour le retour et se présente au sous-intendant militaire à son arrivée au corps.

Lorsqu'au point de départ il n'y a pas de sous-intendant ou de suppléant légal autre qu'un maire, le militaire est tenu de se rendre dans la résidence la plus rapprochée de l'un de ces fonctionnaires pour y faire viser sa feuille de route.

Militaire rejoignant une nouvelle garnison avant l'arrivée du corps auquel il appartient.

Art. 58. Tout sous-officier ou soldat qui a rejoint le lieu de nouvelle garnison assigné à son corps avant que celui-ci y soit arrivé, est mis en subsistance dans un autre corps de la place. S'il ne s'en trouve pas, il lui est alloué l'indemnité de séjour jusqu'à l'arrivée du premier détachement.

Militaire n'arrivant pas à destination dans les délais de sa feuille de route.

Art. 59. Lorsqu'un militaire n'arrive pas à destination dans les délais assignés par sa feuille de route, il est puni disciplinairement, mais il conserve le droit à l'indemnité de route qu'il n'aurait pas reçue au départ.

Toutefois, les remplaçants administratifs et les engagés volontaires après libération, qui ne reçoivent leur indemnité qu'à leur arrivée au corps, sont privés de tout rappel en cas de retard. Il en est de même s'ils ont obtenu un sursis d'arrivée et s'ils en ont joui (1).

Délais dans lesquels doivent être réclamées à l'arrivée les indemnités non perçues au départ.

Art. 60. Les indemnités qui n'ont pas été perçues par les officiers au point de départ peuvent être touchées en route et même à l'arrivée à destination.

Dans ce dernier cas, elles doivent être réclamées, dans les cinq jours de l'arrivée à destination, au sous-intendant militaire de la place, ou dans les quinze jours, à celui de la résidence la plus voisine dans la division, s'il n'existe pas de fonctionnaire de l'intendance dans cette place.

Le rappel des indemnités non perçues au départ ou non réclamées dans les délais ne peut être fait aux officiers, sous-officiers et soldats, que sur l'autorisation expresse de l'intendant militaire de la division (2).

Cette autorisation n'est pas nécessaire pour le rappel des indemnités dues à des personnes étrangères au ministère de la guerre.

Dispositions concernant les militaires escortés.

Art. 61. Les militaires escortés par la gendarmerie voyagent d'après les règles du service des convois.

Ils reçoivent les vivres de prison à la fin de chaque journée : les itinéraires doivent donc être tracés de manière qu'ils arrivent vers le soir dans une place où ils puissent être écroués à la prison. Ces itinéraires sont, en général, fixés par le Ministre.

Les gendarmes d'escorte sont compris pour l'aller sur les réquisitions des escortés ; mais, pour le retour, ils reçoivent l'indemnité de route de leur grade au titre du ministère qui a requis l'escorte.

CHAPITRE II.

SATISFACTION DU DROIT.

SECTION 1re. — *Du décompte des indemnités.*

Bases du décompte.

Art. 62. Les distances et les délais de route qui en découlent sont les bases du décompte.

Les distances résultent des itinéraires.

---

(1) Paragraphe abrogé par l'article 2 de la loi du 1er février 1868, qui a supprimé les remplacements administratifs et les engagements volontaires après libération.

(2) Voir la circulaire du 14 mai 1868.

Documents à l'aide desquels s'établissent les itinéraires.

Art. 63. Les itinéraires sont tracés au point de départ et portés sur la feuille de route.

Ils sont établis à l'aide des documents suivants :

Le livret des itinéraires d'une résidence à l'autre de sous-intendant.
Le livret des itinéraires à suivre en dehors des voies ferrées.
Le livret Chaix. — Le livret des gîtes d'étape.
La carte des étapes et celle des chemins de fer.

En cas de doute sur l'établissement des itinéraires, ils sont tracés en vue de la plus grande économie.

Art. 64. En cas de doute résultant de l'insuffisance des documents énumérés à l'article 63, les itinéraires sont tracés en vue de la plus grande économie, sauf dans les cas tout. exceptionnels où la nature des déplacements exige que la célérité dans l'exécution de l'ordre l'emporte sur l'économie.

Militaires voyageant en diligence.

Art. 65. Les militaires qui voyagent en diligence prennent ou quittent les voies ferrées aux stations où aboutissent les correspondances des voitures publiques.

Militaires voyageant par étapes.

Art. 66. Les sous-officiers et soldats prennent les voies ferrées à la station la plus rapprochée du lieu de départ et les quittent à la station la plus rapprochée du lieu de destination.

Militaires voyageant par petites journées (1).

Art. 67. Les militaires qui voyagent à petites journées d'après les règles du service des convois, prennent ou quittent les voies ferrées en des gîtes d'étape ou aux stations voisines des établissements thermaux.

Décompte de l'indemnité kilométrique de transport.

Art. 68. Le décompte de l'indemnité kilométrique de transport s'établit en multipliant le taux de cette indemnité par les distances kilométriques à franchir en chemin de fer ou en diligence, et en faisant la somme des différents produits.

Décompte de l'indemnité journalière.

Art. 69. Le décompte de l'indemnité journalière s'établit en multipliant le taux de cette indemnité par les délais de route cal-

---

(1) Le voyage à petites journées ne s'entend que des trajets effectués sur les routes ordinaires.

culés d'après les règles des articles 26 et suivants, et en se conformant aux dispositions ci-après pour les voyages comportant plusieurs modes de transport ou de locomotion.

Cas de transport en chemin de fer et en diligence.

Art. 70. Lorsque le voyage comprend des transports en chemin de fer et des transports en diligence, on triple les distances à franchir en diligence, on les ajoute aux distances à parcourir en chemin de fer et on divise le total par 360. Le quotient de la division exprime les délais de route, auxquels on ajoute une journée si le reste de la division est supérieur à 40.

Cas de transport en chemin de fer et en diligence et de trajets à pied par étapes.

Art. 71. Si un trajet à pied par étapes précède ou suit les parcours en chemin de fer ou en diligence, on ajoute aux délais de route obtenus, comme il est dit à l'article précédent, ceux résultant des étapes à pied, d'après les règles de l'article 29.

Dispositions particulières aux jeunes soldats appelés à l'activité, ou dans les dépôts d'instruction, et aux militaires libérés.

Art. 72. § 1er. — *Jeunes soldats appelés à l'activité.* — Les jeunes soldats appelés à l'activité et convoqués au chef-lieu de leur département pour la revue de départ, ont droit, pour s'y rendre, à l'indemnité de route à partir du lieu de leur dernier domicile. Ils reçoivent, en outre, l'indemnité de séjour pour les journées passées au chef-lieu, depuis le jour inclus fixé pour la revue jusqu'à celui exclu de leur départ pour le corps auquel ils sont affectés.

Ces deux allocations ne sont pas payées à ceux qui n'ont pas obéi à l'ordre de convocation dans les délais fixés par cet ordre, à moins qu'ils ne fournissent la preuve qu'ils en ont été empêchés par des cas de force majeure.

Les jeunes soldats désignés pour un même corps, et qui ne sont pas en nombre suffisant pour former détachement (1) reçoivent l'indemnité de route pour rejoindre leurs corps, comme les isolés.

§ 2. — *Jeunes soldats de la deuxième portion du contingent se rendant dans les dépôts d'instruction et en revenant* (2). — Les jeunes soldats de la deuxième portion du contingent convoqués dans les dépôts d'instruction, reçoivent, pour s'y rendre et pour en revenir, l'indemnité de route, du lieu de leur dernier domicile au centre du dépôt d'instruction et *vice versâ*.

---

(1) Il faut six hommes au moins du même corps pour former un détachement.

(2) Les jeunes soldats de la 2ᵉ portion du contingent sont dirigés, aujourd'hui, sur les corps de troupe, comme ceux de la 1ʳᵉ portion.

Si, à leur sortie du dépôt, ils obtiennent l'autorisation de résider dans un département autre que celui d'où ils sont venus, ils ne peuvent recevoir, pour s'y rendre, une indemnité supérieure à celle qui leur a été attribuée pour venir au dépôt. Lorsqu'ils se rendent pour la seconde fois au dépôt, l'indemnité leur est due depuis le lieu où ils ont été autorisés à résider.

Les dispositions des §§ 1 et 2 du présent article s'appliquent aux jeunes soldats absents de leur département au moment de la convocation, s'ils ont été autorisés à résider dans un autre département ou s'ils ont comparu devant le conseil de révision de ce département. Ils reçoivent alors l'indemnité de route, de leur résidence au corps, ou au dépôt d'instruction et la même allocation pour le retour.

§ 3. — *Militaires libérés du service.* — Les militaires libérés du service sont payés de l'indemnité de route du lieu où ils partent pour rentrer dans leurs foyers au lieu de leur dernier domicile (1).

S'ils sont autorisés à se retirer dans un lieu autre que ce dernier, l'indemnité est payée jusqu'à destination, sans que le montant du décompte puisse, en aucun cas, excéder l'indemnité qui leur aurait été allouée pour se rendre à leur dernier domicile.

SECTION II. — *De l'ordonnancement.*

L'ordonnancement a lieu par anticipation au point de départ jusqu'à destination.

Art. 73. § 1er.—Les sous-intendants militaires et leurs suppléants autres que les maires, ordonnancent l'indemnité de route par anticipation au point de départ jusqu'à destination.

Si, au point de départ, le sous-intendant militaire est suppléé par le maire, l'indemnité est ordonnancée dans la résidence la plus rapprochée de sous-intendant ou de tout suppléant légal autre qu'un maire. Le militaire reçoit en même temps, par voie de rappel, l'indemnité qui lui est due pour se rendre dans sa résidence (2).

§ 2. — Lorsque, dans un même voyage, le militaire est astreint, par son ordre ou sa lettre de service, à s'arrêter dans plusieurs localités, l'indemnité de route n'est ordonnancée par anticipation que successivement et d'une localité à la suivante, sur la route à parcourir, à la condition, toutefois, que cette dernière localité soit une résidence de sous-intendant militaire ou de suppléant légal autre qu'un maire.

§ 3. — Les officiers peuvent, sur leur demande faite au point de départ, ne recevoir leur indemnité qu'à leur arrivée à destination, sous la condition de faire viser leur feuille de route dans

---

(1) Voir la note ministérielle du 26 avril 1875.
(2) Voir la circulaire du 1er juin 1872.

chacune des localités où ils se seraient arrêtés dans le cas prévu
par le deuxième paragraphe du présent article.

Cas où l'ordonnancement est fait jusqu'au chef-lieu de canton.

Art. 74. Lorsque la position géographique du lieu de destination
n'est pas suffisamment déterminée à l'aide des documents énumérés à l'article 63, l'ordonnancement est fait jusqu'au chef-lieu
du canton auquel appartient le lieu de destination, la distance en
plus ou en moins ne donnant lieu à aucun rappel ni à aucune retenue.

Cas où l'ordonnancement n'est fait que jusqu'à la résidence de sous-intendant
la plus rapprochée du lieu de destination sur la route à suivre.

Art. 75. Dans les places et les camps de manœuvres où il se
fait de grands mouvements et aux époques où ils ont lieu, les intendants militaires peuvent autoriser exceptionnellement les fonctionnaires de l'intendance à n'ordonnancer l'indemnité de route
des sous-officiers et soldats que jusqu'à la résidence de sous-intendant la plus voisine du lieu de destination sur la route à parcourir (1).

Cette mesure, dont l'intendant militaire est tenu de rendre
compte au Ministre, doit cesser en même temps que les circonstances qui en ont motivé l'application.

Cas où l'ordonnancement n'est fait qu'à destination.

Art. 76. Les remplaçants administratifs et les engagés volontaires après libération ne sont payés de l'indemnité de route qu'à
leur arrivée au corps (2).

Les jeunes soldats se rendant au chef-lieu du département pour
la revue de départ et ceux de la deuxième portion du contingent,
convoqués dans les dépôts d'instruction, ne sont payés qu'à destination, par voie de rappel, des indemnités de route ou de séjour
auxquelles ils peuvent avoir droit, en vertu de l'article 72.

Des mandats et des ordres de fournitures.

Art. 77. L'indemnité de route est ordonnancée sur mandats
(modèle n° 1). Il en est de même des avances en argent, mais,
dans ce cas, les mandats doivent toujours exprimer distinctement
par une annotation à la main, que c'est à titre d'*avance* qu'ils sont
délivrés.

---

(1) Les délais de route seront calculés jusqu'à cette résidence, où il sera fait de nouvelles allocations jusqu'à destination. Comme il en pourra résulter un accroissement de
dépenses, MM. les intendants n'useront qu'avec la plus grande réserve de la faculté qui
leur est laissée.

(2) Paragraphe abrogé par l'article 2 de la loi du 1er février 1868.

Les effets de petit équipement sont délivrés d'après les ordres de fourniture (modèle n° 2), portant au pied mandat de paiement au profit du distributeur.

Les mandats sont individuels et nominatifs.

Art. 78. Les mandats et les ordres de fourniture sont individuels et nominatifs, sauf dans les cas spécifiés ci-après.

Militaires voyageant en troupe.

Art. 79. Il est établi un seul mandat collectif pour tous les militaires du même corps voyageant sous le commandement de l'un d'eux avec le droit à l'indemnité de route. Le mandat du sous-intendant militaire est délivré au pied d'un état nominatif (modèle n° 3) dressé et certifié en deux expéditions par le chef de la troupe, qui en touche le montant sur son acquit apposé au bas de l'une d'elles, pour le distribuer aux hommes qui figurent sur ledit état. Le sous-intendant garde l'autre expédition par-devers lui.

Recrues se rendant au lieu de rassemblement.

Art. 80. Les jeunes soldats convoqués au chef-lieu du département pour assister à la revue de départ et être dirigés sur les corps auxquels ils sont affectés, sont compris sur un état nominatif (modèle n° 4).

Cet état est dressé en double expédition, et certifié, quant à l'effectif et aux mutations, par le commandant du dépôt de recrutement. Le sous-intendant y établit le décompte des indemnités dues par voies de rappel, en conformité de l'art. 76 et de celles auxquelles ont droit, en vertu du § 1er de l'art. 72, les jeunes soldats qui se rendent isolément à leur corps. Il en arrête et ordonnance le montant au nom du commandant du dépôt de recrutement. Celui-ci reçoit à la caisse du payeur le montant du mandat ; il paie lui-même les jeunes soldats qui se rendent isolément à leur corps et fait payer en sa présence ceux qui composent les détachements régimentaires, par les chefs de ces détachements.

La première expédition, revêtue d'un mandat du sous-intendant militaire et de l'acquit du commandant du dépôt, reste entre les mains du payeur.

La seconde, destinée au sous-intendant, est suivie d'une récapitulation présentant les éléments suivants :

Le nombre d'hommes composant chacun des détachements;

Le montant de l'indemnité qui leur a été distribuée par le commandant du dépôt, ou en sa présence, par les chefs de détachements ;

L'émargement des chefs de tous les détachements.

Cette récapitulation est suivie de la déclaration du commandant du dépôt, que les paiements ont été effectués par lui-même ou en sa présence par les chefs des détachements.

Jeunes soldats de la deuxième portion du contingent se rondant dans les dépôts
d'instruction ou en revenant.

Art. 81. A leur arrivée dans les dépôts d'instruction, les jeunes soldats de la deuxième portion du contingent sont rappelés de l'indemnité de route.

Lorsqu'ils quittent les dépôts, ils sont payés par anticipation pour rentrer dans leurs foyers.

Dans l'un et l'autre cas, les jeunes soldats sont compris sur un état collectif (modèle n° 4 *bis*), dressé au titre du dépôt d'instruction et certifié par le major du corps instructeur ou, à défaut, par l'officier commandant ledit dépôt.

Le sous-intendant militaire établit le décompte des sommes à payer (1). Il en arrête et ordonnance le montant au nom de l'officier qui a certifié l'état. Ce dernier, après avoir reçu le montant du mandat, en fait faire la répartition entre les jeunes soldats par le trésorier. Il remet ensuite au sous-intendant un double de l'état au pied duquel il inscrit sa déclaration, que les paiements ont été faits en sa présence aux ayants droit (2).

Militaires libérés rentrant dans leurs foyers.

Art. 82. Les sous-officiers et soldats renvoyés dans leurs foyers comme libérés provisoirement ou définitivement sont payés de l'indemnité de route sur mandats collectifs. Au point de départ, tous ceux du même corps sont portés nominativement, sous le titre distinct de leur bataillon, escadron ou compagnie, dans un état (modèle n° 5) certifié par le conseil d'administration. Le sous-intendant y inscrit son mandat au nom du trésorier qui en touche le montant et le distribue aux intéressés.

Cet état doit comprendre, pour chaque militaire, le lieu de son dernier domicile, ainsi que l'indication du chef-lieu de canton et du département dont ce lieu fait partie. Pour les hommes autorisés à se retirer dans un lieu autre que celui du dernier domicile, c'est l'indication de ce lieu, du chef-lieu de canton et du département auxquels il appartient, qui doit être portée audit état; mais en même temps on inscrit en regard du nom du militaire, dans la colonne d'observations, son dernier domicile, son chef-lieu de canton et son département.

Le sous-intendant militaire établit le décompte, en arrête et en ordonnance le montant au nom du trésorier, en se conformant aux dispositions de l'article précédent. La déclaration du paiement fait

---

(1) Pour l'exécution du § 2 de l'article 72, le sous-intendant se reportera à l'état collectif dressé à l'arrivée au dépôt afin de ne pas attribuer aux jeunes soldats autorisés à leur sortie du dépôt à se rendre dans un département autre que celui d'où ils sont venus, une allocation supérieure à celle qu'ils ont reçue pour venir au dépôt.

(2) L'article 81 n'est plus appliqué depuis que les jeunes soldats de la 2e portion du contingent sont dirigés sur les corps de troupe comme ceux de la 1re portion.

aux intéressés est signée par le major ou, à défaut, par l'officier commandant.

Les états nominatifs sont annexés au registre de route.

Art. 83. L'expédition de chacun des états nominatifs mentionnés aux articles précédents, qui demeure entre les mains du sous-intendant, est annexée au registre de route sur lequel sont inscrits sommairement, en une seule ligne, le nombre d'hommes compris sur ces états et la quotité du paiement qui leur a été fait.

Ordres collectifs pour fourniture d'effets aux militaires en détachement.

Art. 84. Les sous-officiers et soldats formant détachement, à l'égard desquels la délivrance d'effets de petit équipement est autorisée, sont compris dans un état nominatif (modèle n° 6) certifié par le commandant de la troupe. Le sous-intendant militaire y appose son ordre de fourniture au nom de ce commandant, et son mandat de remboursement.

Un double de cet état reste à l'appui du registre de route sur lequel sont inscrits, en une seule ligne, le nombre d'hommes, le total des effets délivrés et la somme ordonnancée au profit du distributeur.

Mandats délivrés par duplicata.

Art. 85. Aucun mandat ne peut être délivré par duplicata que sur un certificat du payeur, receveur ou percepteur, portant déclaration que le primata n'a point été et ne sera pas acquitté à sa caisse.

Mention essentielle à faire sur les feuilles de route et les livrets.

Art. 86. Il est expressément fait mention sur les feuilles de route des mandats délivrés aux titulaires desdites feuilles de route, soit à titre d'indemnité, soit à titre d'avance en argent, ou en effets de petit équipement.

La désignation des effets fournis aux sous-officiers et soldats est, en outre, inscrite sur leurs livrets. Si le militaire déclare n'avoir point de livret, le motif qu'il allègue est noté sur la feuille de route.

SECTION III. — Du paiement.

Les mandats sont payés par les payeurs des départements, les receveurs ou percepteurs.

Art. 87. Les mandats sont payés par les payeurs des départements et, à leur défaut, par les receveurs d'arrondissement ou les percepteurs et seulement par ceux de ces fonctionnaires qui sont désignés sur les mandats.

Art. 88. Les officiers apposent leur acquit sur les mandats d'indemnité de route qui leur sont payés.

Les sous-officiers et soldats mettent leur acquit sur les mandats d'avance en argent et leur récépissé sur les ordres de fourniture d'effets (1).

Si le titulaire ne sait pas signer, il en fait la déclaration au sous-intendant militaire, qui la mentionne sur le mandat ou l'ordre de fourniture. Cette déclaration tient lieu d'acquit pour le payeur et de récépissé pour le distributeur.

Délai de présentation des mandats à l'acquittement.

Art. 89. Les mandats sont présentés au payeur ou à ses suppléants, et les ordres de fourniture au distributeur, le jour même ou au plus tard le lendemain du jour de leur délivrance aux parties prenantes. Toutefois, le délai de présentation à l'acquittement est de dix jours pour les mandats d'indemnité de route dont les titulaires se trouvent dans le lieu de leur destination.

Les mandats destinés au paiement du prix des effets délivrés doivent être présentés par le distributeur à la caisse du payeur ou de ses suppléants dans les cinq jours de leur date.

Il est fait exception à cette règle en faveur des corps distributeurs qui peuvent ne présenter leurs mandats qu'une seule fois par mois, mais au plus tard, l'avant-dernier jour de chaque mois.

Les mandats non payés dans les délais prescrits ne peuvent l'être qu'à la réquisition du sous-intendant.

Art. 90. Les mandats présentés à l'acquittement après le terme fixé par l'article précédent ne peuvent être payés par les agents du Trésor qu'à la réquisition du sous-intendant militaire. Si le retard provient d'une cause indépendante de la volonté du titulaire, le sous-intendant militaire peut en autoriser le paiement; dans le cas contraire, il en réfère à l'intendant divisionnaire, qui prescrit le paiement, prononce la déchéance ou prend les ordres du Ministre si le cas lui paraît le comporter.

Obligation imposée au payeur.

Art. 91. Les payeurs et leurs suppléants doivent refuser le paiement de tout mandat dont la délivrance n'est pas mentionnée sur la feuille de route de la partie prenante.

______

(1) Le brigadier de gendarmerie et, à son défaut, les gendarmes d'escorte, donnent le récépissé des effets qui sont fournis aux hommes qu'ils conduisent.

TITRE III.

DE LA COMPTABILITÉ.

CHAPITRE Ier.

DE LA LIQUIDATION, DE L'IMPUTATION ET DE LA JUSTIFICATION DES DÉPENSES.

Les mandats sont des bons provisoires.

Art. 92. Les mandats individuels ou collectifs, délivrés par les sous-intendants militaires et leurs suppléants, ne constituent dans les mains des payeurs que des bons provisoires.

État mensuel de remboursement à produire par le payeur.

Art. 93. Le dernier jour de chaque mois, le payeur remet au sous-intendant militaire de sa résidence tous les mandats payés dans le département pendant le cours du même mois, et qui lui sont parvenus. Il y joint un état dit de remboursement, en double expédition (modèle n° 7), où ils sont inscrits par ordre de date, à l'exception de ceux dont le paiement a été effectué par les receveurs et percepteurs, qui y sont totalisés en un seul article pour chacune des localités où les paiements ont eu lieu.

Ordonnancement de l'état de remboursement par le sous-intendant militaire.

Art. 94. Le sous-intendant s'assure aussitôt que les mandats annexés à cet état y sont compris pour les paiements qu'ils énoncent. Il y opère ensuite, le cas échéant, la déduction du montant de ceux que l'intendant divisionnaire a rejetés par suite des vérifications antérieures (article 98), l'arrête à la somme à ordonnancer, et en remet le même jour une expédition au payeur avec son mandat de remboursement.

Refus des mandats qui ne sont pas compris dans l'état de remboursement du mois qui suit celui de leur acquittement.

Art. 95. Les mandats qui n'ont pas été compris dans l'état de remboursement du mois où ils ont été acquittés peuvent l'être dans celui du mois suivant, alors même que cet état de remboursement serait afférent à un autre exercice que celui pendant lequel le paiement a été effectué. S'ils y sont omis, ils restent à la charge du payeur, à moins que, sur sa réclamation, le Ministre n'en ordonne autrement.

Bordereau mensuel dressé par le sous-intendant militaire.

Art. 96. Le sous-intendant militaire, après avoir vérifié les mandats, les classe et récapitule par section et article, dans un bordereau (modèle n° 8), ainsi qu'il est expliqué ci-après :

1re Section.

Officiers sans troupe et employés militaires (1). { Un article pour chacune des divisions militaires auxquelles appartiennent les titulaires des mandats.

2e Section.

Officiers, sous-officiers et soldats des corps de troupe et personnels des établissements militaires . . . . } Un article pour chaque corps ou établissement.

3e Section.

Jeunes soldats (recrues) avant leur départ pour le corps sur lequel ils doivent être dirigés. (3) } Un seul article.

4e Section.

Sous-officiers et soldats de la réserve. . . . .
Sous-officiers et soldats proposés pour la retraite postérieurement à leur libération, par suite d'aggravation de blessures ou infirmités . . . .
Garde de Paris (2). . . . .
Officiers de santé des hospices civils. . . . . .
Veuves et orphelins. . . . .
(3)
} Un article pour chacune des catégories désignées ci-contre.

5e Section.

Jeunes soldats engagés en état d'insoumission.
Déserteurs condamnés. . . . .
Déserteurs rayés des contrôles comme graciés, réformés ou libérés . . . .
Individus arrêtés comme déserteurs relaxés. .
Sous-officiers et soldats détenus temporairement par suite de condamnation . . . . . .
} Un article pour chacune des catégories désignées ci-contre.

---

(1) Sont régularisés au titre de la 1re section :

1° Les frais de route du personnel des dépôts de recrutement ;

2° Les frais de route des militaires de la gendarmerie, lorsqu'ils vont procéder aux appels de la réserve ;

3° Les frais de route des officiers et sous-officiers de l'armée territoriale appartenant au personnel administratif permanent des bureaux de recrutement (circulaire du 29 juin 1876).

(2) La garde de Paris ne doit figurer à la 4e section du bordereau dont il s'agit que pour les paiements qui auraient été faits à la charge du département de la guerre.

(3) Les officiers de toutes armes de l'armée territoriale se rendant aux revues d'appel ou allant exécuter des travaux qui nécessitent des déplacements (circulaire du 29 juin 1876).

6ᵉ Section.

Prisonniers de guerre . . . . { Un article pour chaque puis- sance.

Le sous-intendant dresse ensuite, pour chacun des articles appartenant à la première et à la deuxième section, et pour chacune des autres sections, un relevé sommaire (modèle nº 9) auquel il annexe les mandats qui les concernent respectivement.

Le bordereau et les relevés sommaires sont établis en simple expédition.

Envoi à l'intendant du bordereau des relevés sommaires avec les mandats
et de l'état de remboursement.

Art. 97. Le sous-intendant adresse à l'intendant divisionnaire, du 15 au 20 de chaque mois, le bordereau et les relevés sommaires appuyés des mandats, ainsi que l'expédition de l'état de remboursement restée entre ses mains.

Il joint à cet envoi une feuille de vérification (modèle nº 10) dans laquelle il signale les irrégularités, de quelque nature qu'elles soient, qu'il peut avoir remarquées dans les mandats. Si son examen n'a donné lieu à aucune observation, il l'indique par une simple annotation au bas du bordereau.

Vérification des pièces produites. — Rejet des sommes indûment allouées. — L'intendant
statue en premier ressort sur l'imputation qui doit être faite aux parties prenantes.

Art. 98 (1). L'intendant divisionnaire revise les pièces mentionnées en l'article précédent; il adresse les mandats jugés irréguliers au sous-intendant militaire qui les lui avait transmis, et accompagne cet envoi d'une feuille de vérification (modèle nº 10) dans laquelle il fait connaître la part de responsabilité qui lui paraît devoir incomber, soit à l'ordonnateur, soit à l'officier signataire de l'invitation de feuille de route, soit à la partie prenante, soit enfin au payeur.

Cette feuille de vérification et les pièces qui y étaient jointes sont ensuite renvoyées, avec les explications du sous-intendant, à l'intendant de la division.

L'intendant statue, en premier ressort, sur l'irrégularité des ordonnancements ou des paiements effectués. Il rejette les mandats irréguliers et consigne ses décisions sur une feuille de rectification (modèle nº 10).

Il annote les rejets qu'il a opérés, dans la colonne d'observations du bordereau mensuel et dans celle des relevés sommaires où sont inscrits les mandats irréguliers et en retranche le montant de la somme à laquelle le sous-intendant militaire avait arrêté ces relevés.

---

(1) La rédaction des articles 98 à 103 est conforme au décret du 19 mai 1869.

**Formalités relatives à la transmission aux intéressés des mandats rejetés et laissés
à leur charge.**

Art. 99. L'intendant militaire adresse ensuite, en observant la
marche indiquée ci-après, aux parties prenantes (officiers de
troupe ou sans troupe, employés militaires et militaires de tous
grades de la gendarmerie) un ordre de reversement appuyé des
mandats rejetés et d'un extrait de la feuille de rectification.

Si ces parties prenantes résident dans la division, les pièces ci-
dessus indiquées sont transmises au sous-intendant militaire chargé
de la surveillance administrative des corps ou de l'ordonnancement de la solde des officiers sans troupe.

Si elles résident dans d'autres divisions, les mêmes pièces sont
adressées directement aux intendants de ces divisions, qui leur
donnent la destination prescrite dans le paragraphe précédent.

Les mandats rejetés, dont le payeur est rendu responsable, lui
sont transmis, appuyés seulement d'un extrait de la feuille de rectification, par l'intermédiaire du sous-intendant militaire chargé
du service des frais de route au chef-lieu du département.

**Le Ministre statue sur l'imputation des paiements qui engagent la responsabilité des
ordonnateurs ou des officiers signataires des invitations de feuilles de route.**

Art. 100. L'intendant divisionnaire adresse au Ministre un état
des sommes indûment payées, qui peuvent engager la responsabilité des ordonnateurs et des officiers signataires des invitations
de feuilles de route.

Cet état est appuyé, s'il y a lieu, des observations présentées à
leur décharge par les ordonnateurs ou les officiers ainsi mis en
cause ; l'intendant y joint son avis personnel.

Le Ministre décide si la dépense doit être supportée par l'ordonnateur, ou, dans le cas prévu par le § 2 de l'article 49, si elle
doit être imputée à l'officier qui a délivré l'invitation de feuille de
route, ou enfin si elle doit être laissée au compte de l'Etat.

Ses décisions sont notifiées à l'intendant liquidateur, qui demeure chargé d'en assurer l'exécution, en suivant la marche indiquée à l'article 99.

**Mode de remboursement des allocations irrégulières mises à la charge des ordonnateurs,
des signataires des invitations de feuilles de route ou des parties prenantes.**

Art. 101. Les ordonnateurs versent immédiatement dans une
caisse publique le montant des sommes que le Ministre met à leur
charge.

Lorsque l'imputation concerne un officier appartenant à un
corps de troupe (que cet officier soit responsable comme signataire d'invitation de feuille de route ou qu'il soit partie prenante),
le versement s'effectue dans la forme indiquée par l'article 123,
dès la réception de l'ordre de versement.

— 43 —

On opère de la même manière pour les imputations qui concernent les militaires de tous grades de la gendarmerie.

S'il s'agit d'un officier sans troupe ou d'un employé militaire, le montant de l'ordre de reversement est précompté sur son premier mandat de solde. La somme à précompter y est indiquée par l'ordonnateur, au moyen d'une mention à l'encre rouge. Avis de la retenue à exercer est donné au payeur par la transmission de l'ordre de reversement, lequel est annexé au bordereau d'émission.

Mode d'imputation des paiements mis à la charge du payeur.

Art. 102. Le montant des mandats rejetés et laissés à la charge du payeur est déduit sur l'état de remboursement du mois suivant.

En cas de réclamations de la part du payeur, le Ministre statue définitivement, de concert avec son collègue des finances.

Destination à donner aux récépissés de versement au Trésor, aux extraits de feuilles de rectification et aux mandats rejetés dont le remboursement a été opéré.

Art. 103. Lorsque le remboursement des sommes rejetées a été opéré, le récépissé constatant le versement au Trésor, l'extrait de la feuille de rectification et le mandat irrégulier sont renvoyés, en suivant la voie hiérarchique administrative, à l'intendant de la division dans laquelle l'ordonnancement avait eu lieu.

Ces documents sont conservés, pour être, en fin de trimestre, annexés au résumé général prescrit par l'article 111. Dans le cas où ils ne parviendraient qu'après la production de ce résumé, l'intendant les adresse immédiatement au Ministre.

Transmission faite par l'intendant des relevés sommaires de la 1re et de la 2e section établis dans sa division.

Art. 104. Dans les dix jours de la réception des relevés sommaires dressés par les sous-intendants militaires de sa division, l'intendant transmet :

Ceux qui concernent des corps stationnés dans cette même division, aux sous-intendants ayant l'inspection administrative de ces corps ;

Ceux qui sont établis au titre de corps ou de militaires sans troupe et employés militaires, stationnés ou résidant dans d'autres divisions, aux intendants de ces divisions.

Il s'assure que les mandats énumérés aux relevés sommaires y sont exactement annexés.

Pièces dont l'intendant reste dépositaire.

Art. 105. L'intendant garde par-devers lui, pour en faire l'usage qui sera subséquemment indiqué :

1° Les états de remboursement des mandats ;

2° Les bordereaux mensuels (sur lesquels il a soin d'annoter les transmissions);

3° Les relevés sommaires concernant les officiers sans troupe et les employés militaires de sa division ;

4° Ceux des 3e, 4e, 5e et 6e sections.

Transmission faite par l'intendant des relevés sommaires qu'il a reçus des autres divisions. — Remboursement du montant des avances par les officiers sans troupe de sa division.

Art. 106. A la réception des relevés sommaires qui lui sont envoyés des autres divisions, en exécution de l'article 104, l'intendant transmet aux sous-intendants militaires employés sous ses ordres ceux qui concernent les corps placés dans leurs arrondissements respectifs. Il donne aux officiers sans troupe et employés militaires du ressort de sa division l'ordre de reverser immédiatement au Trésor le montant des avances qui peuvent leur avoir été faites, tant dans sa division que dans les autres, et de lui faire parvenir ensuite, sans retard, le récépissé constatant ce versement.

Le sous-intendant remet les relevés sommaires aux corps.

Art. 107. Le sous-intendant militaire remet immédiatement aux corps les relevés sommaires qui les concernent, après en avoir pris note.

Bulletins de rejet de mandats concernant les officiers sans troupe.

Art. 108. L'intendant qui reçoit, à l'appui d'un relevé sommaire, un mandat dans lequel se trouve désigné, sous la qualification d'officier sans troupe ou d'employé militaire, un individu qui est inconnu dans sa division ou dont la résidence y est ignorée, en informe immédiatement le Ministre par l'envoi d'un bulletin de rejet (modèle n° 11). Il adresse, en outre, un double de ce bulletin, avec le mandat refusé, à l'intendant par l'intermédiaire duquel lui est parvenu le relevé sommaire. Ce fonctionnaire, après avoir pris toutes les informations nécessaires pour découvrir l'origine de l'erreur commise, rend compte au Ministre, par un rapport qu'il fait sur le même bulletin, des investigations auxquelles il s'est livré et de leur résultat.

État de rejet de mandats concernant les militaires des corps de troupe.

Art. 109. Les conseils d'administration, ainsi que les officiers ou agents qui en tiennent lieu, consignent, dans un état dit de rejet (modèle n° 12), les motifs sur lesquels ils se fondent pour refuser les mandats d'indemnité de route ou d'avances qu'ils reconnaissent inadmissibles.

L'état de rejet est établi aussitôt que le relevé sommaire auquel il se rapporte parvient au corps, et il est envoyé immédiatement avec les mandats rejetés à l'intendant divisionnaire, qui le transmet au Ministre.

Lorsque l'état de rejet comprend des individus inconnus au corps, l'intendant établit, pour chacun d'eux, un bulletin de rejet, comme il est dit à l'article précédent. Ces bulletins sont envoyés avec les mandats refusés, aux intendants des divisions d'où proviennent les relevés sommaires, et donnent lieu, de leur part, aux mêmes informations et formalités que celles prescrites par ledit article.

Formalités à remplir par les fonctionnaires de l'intendance en cas de changement de garnison pour le corps et [de résidence pour les officiers sans troupe et employés militaires.

Art. 110. Lorsqu'un corps change de garnison, le sous-intendant militaire adresse au fonctionnaire sous la surveillance administrative duquel celui-ci se trouve placé dans la nouvelle garnison, les relevés sommaires qui lui parviennent après le départ du corps.

Il fait en outre connaître à ce fonctionnaire, en lui envoyant un extrait des notes tenues en conformité des prescriptions de l'article 107, les relevés sommaires dont la régularisation n'a pas été effectuée et les avances dont le montant n'a pu être versé au Trésor avant le départ du corps.

En cas de changement de résidence d'un officier sans troupe ou employé militaire, l'intendant de la division que quitte cet officier ou employé adresse à celui de la division où il se rend les mandats d'avance qui le concernent, ainsi que l'ordre de reversement au Trésor du montant de ces avances. Cet intendant militaire demeure chargé de faire parvenir à celui qui a transmis l'ordre, le récépissé constatant le versement, accompagné des mandats reçus en communication.

Résumé général et pièces à l'appui adressés au Ministre par l'intendant.

Art. 111. Dans la première quinzaine du troisième mois qui suit le trimestre auquel se rapportent les bordereaux mensuels qui lui sont parvenus, l'intendant adresse au Ministre un résumé général (modèle n° 13) établi d'après ces bordereaux. Il y annexe les relevés sommaires des 3°, 4°, 5° et 6° sections avec les mandats qui leur sont respectivement applicables.

Les états de remboursement et les bordereaux mensuels, après avoir été classés de manière à faciliter les recherches, restent déposés pendant quatre ans (1) dans les archives de l'intendance militaire de la division.

Il est fait exception aux prescriptions précédentes, en ce qui concerne les bordereaux mensuels relatant les paiements faits au titre des ministères de la marine, de la justice, de l'intérieur, de la maison de l'Empereur et au titre de la ville de Paris, attendu que ces bordereaux spéciaux sont adressés trimestriellement au Ministre de la guerre, comme il sera dit à l'article 136.

---

(1) Circulaire du 14 mai 1868.

CHAPITRE II.

DE LA RÉGULARISATION DES DÉPENSES.

SECTION Ire. — *Dépenses particulières à l'indemnité de route.*

Feuilles de régularisation.

Art. 112. Les paiements effectués à titre d'indemnité de route pour les deux premières sections sont justifiés par des feuilles de régularisation trimestrielle (modèle n° 14).

Par qui établies.

Art. 113. Les feuilles de régularisation sont établies :

Pour les officiers sans troupe et les employés militaires, par les *intendants divisionnaires ;*

Pour les militaires des corps de troupe et pour les personnels des établissements militaires, *par les conseils d'administration* et par *les officiers commandants* dans les corps qui ne comportent pas de conseil.

Mode d'inscription sur les feuilles de régularisation.

Art. 114. Les feuilles de régularisation sont ouvertes le premier jour de chaque trimestre. Les militaires et les employés militaires voyageant avec l'indemnité de route y sont inscrits successivement et sans égard à l'ordre hiérarchique des grades, à la réception du premier relevé sommaire qui les concerne.

Les paiements que relatent les relevés sommaires et les mandats qui y sont annexés, ne sont portés sur la feuille de régularisation qu'à l'époque de la clôture de cette feuille ; ils sont alors totalisés séparément pour chaque individu et sont enregistrés en une seule somme à son article particulier (1).

Les paiements rejetés figurent sur les feuilles de régularisation.

Art. 115. Les articles des relevés sommaires que les intendants divisionnaires et les corps ont refusé d'admettre par suite de leurs vérifications, sont l'objet d'un enregistrement distinct à la fin des feuilles de régularisation et y sont additionnés avec les articles admis.

---

(1) Voir la décision présidentielle du 30 juin 1876, modificative de l'article 114, en ce qui concerne la régularisation des mandats collectifs d'indemnité de route.

Époque de la clôture des feuilles de régularisation et de leur remise au sous-intendant,

Art. 116. Les feuilles de régularisation sont arrêtées en simple expédition avant l'expiration du second mois qui suit le trimestre auquel elles sont applicables.

Celles des corps ou établissements militaires sont remises au sous-intendant immédiatement après leur clôture, avec les relevés sommaires et les mandats.

Les mandats pour avances sont préalablement distraits des relevés sommaires et restent aux mains des corps comme pièces justificatives des avances vis-à-vis des parties prenantes.

Vérification des feuilles de régularisation et transmission à l'intendant.

Art. 117. Le sous-intendant militaire, après avoir vérifié l'exactitude des inscriptions faites sur la feuille de régularisation, y appose son visa et la transmet à l'intendant divisionnaire.

Envoi fait au Ministre, par l'intendant, de toutes les feuilles de régularisation établies dans sa division.

Art. 118. L'intendant réunit les feuilles de régularisation qui lui ont été transmises par les sous-intendants de sa division. Il y joint celle qu'il a lui-même établie pour les officiers sans troupe et les employés militaires, et fait parvenir le tout au Ministre dans la première quinzaine du troisième mois qui suit le trimestre au titre duquel lesdites feuilles ont été dressées.

Feuille de régularisation supplémentaire.

Art. 119. Si, après l'envoi fait au Ministre, en conformité de l'article précédent, il parvient à l'intendant un relevé sommaire applicable au trimestre pour lequel ont été établies les feuilles de régularisation comprises dans cet envoi, il en fait aussitôt un supplémentaire qui reçoit la même destination.

Destination des relevés sommaires et des mandats.

Art. 120. Les intendants et sous-intendants militaires conservent respectivement, dans leurs archives, pendant quatre ans (1), les relevés sommaires et les mandats relatifs à la première et à la deuxième section, d'après lesquels ont été établies les feuilles de régularisation.

En cas de changement de garnison d'un corps de troupe, le sous-intendant militaire du point de départ adresse à son collègue du point d'arrivée les relevés sommaires et les mandats qui concernent ce corps, lorsqu'ils n'ont pas quatre ans (1) de date.

---

(1) Délai conforme à la circulaire du 14 mai 1868.

SECTION II. — *Dépenses particulières aux avances en argent et en effets.*

Registre des avances tenu par le trésorier.

Art. 121. Il est tenu dans chaque corps, par le trésorier, et dans chaque établissement militaire, par l'officier d'administration ou l'agent comptable, un registre (modèle n° 15) destiné à l'inscription des paiements faits, à titre d'avances, aux militaires voyageant isolément, ou effectués pour leur compte personnel, comme remboursement du prix des effets de petit équipement qui leur ont été délivrés pendant leur route.

Cette inscription est nominative, elle a lieu aussitôt que le paiement vient à la connaissance du corps, soit par la feuille de route du militaire sur laquelle il est constaté, soit par les relevés sommaires transmis par les sous-intendants.

Le registre des avances est arrêté trimestriellement, aux mêmes époques que la comptabilité du corps.

La masse des sous-officiers et soldats est débitée du montant des avances qui leur ont été faites.

Art. 122. Immédiatement après leur inscription au registre, les avances faites aux sous-officiers et soldats sont portées au débit de leur compte ouvert, pour figurer ultérieurement en dépense, à la feuille de masse individuelle, dans une colonne spéciale.

Remboursement des avances faites aux militaires qui n'ont pas de masse.

Art. 123. Le montant des avances concernant les officiers et les autres militaires des corps, auxquels il n'est point attribué de masse individuelle, est versé par ceux-ci entre les mains du trésorier, qui demeure chargé d'effectuer le reversement au Trésor du montant de ces avances.

Le montant des avances est versé trimestriellement au Trésor.

Art. 124. La somme dont la masse individuelle est débitée, aussi bien que les avances faites aux militaires des corps auxquels il n'est point attribué de masse individuelle, sont versées trimestriellement au Trésor d'après un extrait du registre des avances, établi en double expédition et certifié par le conseil après qu'il a arrêté ce registre.

Responsabilité pécuniaire du conseil d'administration.

Art. 125. Les avances faites à des militaires contre lesquels il n'est plus possible d'exercer de reprise, faute, de la part du conseil d'administration, d'avoir veillé à ce que le prélèvement en fût fait sur leur solde ou sur leur avoir à la masse, avant leur radiation des contrôles, restent à la charge de ce conseil, qui est tenu d'en verser le montant dans une caisse du Trésor, dans la forme indiquée par les articles 123 et 124.

Cas où les avances sont mises à la charge de la masse d'entretien.

Art. 126. Les avances dont la masse individuelle ne peut supporter l'imputation, vu l'insuffisance de l'avoir des hommes morts, désertés ou disparus, à qui elles ont été faites, ou par suite du versement de cet avoir à la masse d'entretien, sont remboursées par cette dernière à la masse individuelle.

Le montant des rejets doit figurer au registre des avances.

Art. 127. Les hommes désignés, dans les mandats joints aux relevés sommaires, comme ayant reçu des paiements dont le conseil d'administration a refusé l'imputation, n'en sont pas moins inscrits sur le registre des avances ; mais ils ne donnent lieu à aucune écriture dans la comptabilité de la masse individuelle.

État récapitulatif trimestriel des avances.

Art. 128. Dans les quinze derniers jours du second mois de chaque trimestre, les conseils d'administration ou les officiers commandants remettent au sous-intendant militaire un état récapitulatif (modèle n° 16) des paiements effectués pour avances, pendant le trimestre précédent, au titre des corps ou établissements de la gestion desquels ils sont respectivement chargés, et portant indication des imputations qui ont été admises et de celles qui ont été refusées.

Cet état est transmis sans retard à l'intendant, qui, après avoir réuni tous ceux de sa division et celui qu'il a personnellement établi pour les officiers sans troupe et employés militaires qui y résident, adresse le tout au Ministre, dans la première quinzaine du troisième mois, avec les récépissés de versement au Trésor et les extraits du registre des avances mentionnés en l'article 124.

CHAPITRE III.

DES VÉRIFICATIONS DANS LES BUREAUX DU MINISTÈRE DE LA GUERRE.

Confrontation des pièces. — Rectification. — Reprises pour cause de paiements illégaux.

Art. 129. Le Ministre de la guerre fait procéder, dans ses bureaux, à la vérification des feuilles de régularisation et des états récapitulatifs.

Il donne les ordres nécessaires pour le redressement des erreurs et la reprise contre qui de droit du montant des allocations irrégulières.

TITRE IV.

DES DÉPENSES A LA CHARGE DES MINISTÈRES DE LA MARINE, DE LA JUSTICE, DE L'INTÉRIEUR, DE LA MAISON DE L'EMPEREUR ET DE LA VILLE DE PARIS.

CHAPITRE Ier.

DÉPENSES A LA CHARGE DU MINISTÈRE DE LA MARINE.

Les sous-intendants militaires, au défaut des commissaires de marine, délivrent les mandats aux militaires de l'armée de mer.

Art. 130. Dans toutes les villes de l'Empire où il n'existe ni commissaire, ni agent d'administration de la marine, les militaires appartenant à l'armée de mer reçoivent, par les soins des sous-intendants militaires ou de leurs suppléants, l'indemnité de route qui leur est due, ou les avances qui leur sont indispensables pour se rendre à leur destination.

Dispositions précédentes applicables aux militaires de l'armée de mer.

Art. 131. Les dispositions des titres 1er et 2e et du titre 3e, jusques et y compris l'article 103, sont applicables aux paiements et aux fournitures d'effets à faire aux militaires de l'armée de mer, sauf les modifications ci-après.

Militaires de l'armée de mer pour lesquels l'indemnité de route et l'avance en argent peuvent être ordonnancées.

Art. 132. Les sous-intendants militaires et leurs suppléants ordonnancent l'indemnité de route et l'avance en argent pour les officiers, sous-officiers et soldats des corps de troupe de la marine et pour les officiers mariniers et les marins des équipages de ligne ou de l'inscription maritime.

Les officiers de vaisseau et les fonctionnaires assimilés peuvent, d'après leur demande, recevoir à titre d'à-compte sur leurs frais de route ou d'avance imputable sur leur solde, des sommes dont la quotité ne peut, en aucun cas, excéder les allocations attribuées par les tarifs aux officiers des grades correspondants de l'armée de terre, suivant la deuxième partie de l'appendice B.

Militaires auxquels des effets de petit équipement peuvent être délivrés.

Art. 133. Les effets de petit équipement ne peuvent être délivrés qu'aux sous-officiers et soldats, matelots, ouvriers, apprentis marins et mousses.

Renseignements et indications que doivent présenter les mandats et autres pièces.

Art. 134. Le titre *Ministère de la marine* est inscrit en tête des mandats, ordres de fourniture, états de remboursement et bordereaux. Les mandats et ordres de fournitures indiquent, en outre, exactement les corps ou les divisions d'équipages de ligne auxquels appartiennent les parties prenantes.

Il est établi, par le sous-intendant militaire, deux bordereaux mensuels distincts des paiements à la charge du département de la marine :

Le premier bordereau, sous le titre *Service maritime*, comprend les paiements faits à l'infanterie et à l'artillerie de marine, aux officiers de vaisseau et fonctionnaires assimilés, aux équipages de ligne, aux compagnies de gendarmerie maritime en France, aux spahis et au bataillon indigène de Cochinchine, aux marins de l'inscription maritime, aux ouvriers des professions maritimes et aux gardes-chiourmes.

Le second bordereau, sous le titre *Service colonies*, comprend les paiements faits aux officiers de l'état-major général et des places aux colonies, aux officiers de l'état-major de l'artillerie et du génie de l'armée de terre mis à la disposition du Ministre de la marine, à la gendarmerie des colonies, aux troupes indigènes, y compris le bataillon de tirailleurs et les spahis du Sénégal, aux compagnies disciplinaires des colonies et au corps militaire des surveillants à la Guyane.

Il n'est pas établi de relevés sommaires.

Art. 135. Les sous-intendants militaires ne joignent pas de relevés sommaires à l'envoi, qu'ils font à l'intendant divisionnaire, des bordereaux mensuels et des états de remboursement.

Bordereaux et mandats à adresser au Ministre de la guerre par les intendants divisionnaires.

Art. 136. Dans les cinq premiers jours du second mois qui suit le trimestre auquel s'appliquent les bordereaux mensuels et les mandats qui y sont annexés, l'intendant divisionnaire transmet les uns et les autres au Ministre de la guerre, en les accompagnant d'un bordereau récapitulatif, en double expédition, conforme à la première partie du résumé général (modèle n° 13).

Transmission de ces documents au Ministre de la marine.

Art. 137. Le Ministre de la guerre fait parvenir au Ministre de la marine, avant l'expiration du même mois, une expédition de tous les bordereaux récapitulatifs établis par les intendants, au titre du trimestre précédent, avec les bordereaux mensuels qui y sont référés et les mandats à l'appui. Il y joint un relevé général sommaire des paiements effectués dans toutes les divisions militaires, soit au compte de l'Etat, soit à titre d'avances, pour servir de base à la liquidation à faire, en fin d'exercice, entre les deux ministères.

CHAPITRE II.

DÉPENSES A LA CHARGE DES MINISTÈRES DE LA JUSTICE ET DE L'INTÉRIEUR.

Frais de retour des sous-officiers, brigadiers et gendarmes d'escorte.

Art. 138. Les sous-officiers, brigadiers et gendarmes chargés d'escorter, hors du département de leur résidence, des prévenus ou condamnés civils, soit en vertu d'ordres des Ministres de la justice ou de l'intérieur, soit à la réquisition du président de la haute Cour de justice et des magistrats de l'ordre judiciaire, reçoivent, au retour, l'indemnité de route, sur les fonds du budget de la guerre, à charge de remboursement par le budget du ministère intéressé.

Sont imputables au Ministère de l'intérieur les mandats délivrés aux gendarmes qui ont escorté des individus dans les positions ci-après :

Condamnés définitivement allant subir leur peine.
Idem revenant de témoignage.
Idem libérés, dirigés sur les dépôts de mendicité.
Idem libérés rejoignant leurs foyers ou une résidence.
Idem expulsés, dirigés sur les frontières.
Extraits des dépôts de mendicité, aliénés . . . . { Les dépenses pour ces deux catégories sont classées au titre des budgets départementaux.

Sont imputables au Ministère de la justice les mandats qui concernent les individus appartenant à toutes les autres catégories.

CHAPITRE III.

DÉPENSES A LA CHARGE DU MINISTÈRE DE LA MAISON DE L'EMPEREUR

Positions donnant droit aux allocations.

Art. 139. Les officiers, sous-officiers et soldats des troupes à la charge du ministère de la maison de l'Empereur, ont droit à l'indemnité de route, et reçoivent des avances en argent et en effets de petit équipement, au compte du budget de ce ministère, dans les mêmes positions et d'après les mêmes tarifs que les militaires des corps de troupe.

Dispositions communes aux dépenses effectuées par le Ministre de la guerre au compte des ministères de la justice, de l'intérieur et de la maison de l'Empereur.

Art. 140. Le titre Ministère de la justice, de l'intérieur ou de la maison de l'Empereur, suivant le cas, est inscrit en tête des mandats d'indemnité et d'avances, et des états de remboursement et bordereaux, et toutes les autres dispositions des articles 134, 135 et 136, applicables aux dépenses payées sur les fonds du budget de la guerre au compte de celui de la marine, sont également applicables aux dépenses au compte de ces trois ministères.

CHAPITRE IV.

DES DÉPENSES A LA CHARGE DE LA VILLE DE PARIS.

Positions donnant droit aux allocations.

Art. 141. Les officiers, sous-officiers et soldats des corps de la garde de Paris et des sapeurs-pompiers de la ville de Paris ont droit à l'indemnité de route, et reçoivent des avances en argent ou en effets de petit équipement au compte du budget particulier de cette ville (1), dans les mêmes positions et d'après les mêmes tarifs que les militaires des corps de troupe.

État de remboursement remis par le payeur au sous-intendant.

Art. 142. Le payeur départemental remet au sous-intendant militaire, le dernier jour de chaque mois, des états de remboursement, en double expédition, des mandats payés par lui ou par ses suppléants pendant le même mois, soit au titre de la garde de Paris, soit à celui des sapeurs-pompiers.

Transmission faite à l'intendant avec des bordereaux.

Art. 143. Le sous-intendant militaire, après avoir rempli les formalités prescrites par l'article 93, établit des bordereaux distincts (modèle n° 8), où les paiements relatifs à l'un ou à l'autre corps sont inscrits et totalisés. Il les transmet à l'intendant divisionnaire avec les mandats, ainsi que les expéditions des états de remboursement qu'il a conservées par-devers lui.

État trimestriel à envoyer au Ministre avec les bordereaux et mandats.

Art. 144. L'intendant adresse au Ministre de la guerre, dans les cinq premiers jours du second mois qui suit le trimestre auquel les mandats sont applicables, deux bordereaux récapitulatifs, en double expédition (modèle n° 13, 1re partie), auxquels il annexe tous les bordereaux mensuels afférents à ce trimestre, et les mandats à l'appui.

---

(1) Aux termes de la loi du 1er février 1849, la ville de Paris ne supporte plus que la moitié des dépenses de toute nature auxquelles l'entretien de la garde de Paris donne lieu.

Transmission de ces pièces au Préfet de police.

Art. 145. Avant l'expiration du deuxième mois qui suit le trimestre auquel se rapportent les paiements, le Ministre transmet au préfet de police les pièces concernant les sapeurs-pompiers, sauf l'une des expéditions du bordereau récapitulatif, qui reste déposée dans ses bureaux (1).

Remboursement au ministère de la guerre du montant de ses avances.

Art. 146. Les dépenses effectuées, pendant chaque exercice, sur les mandats délivrés par les sous-intendants militaires et leurs suppléants aux officiers, sous-officiers et soldats du corps des sapeurs-pompiers de la ville de Paris, sont remboursées au ministère de la guerre, dans le mois qui suit l'envoi que le Ministre doit faire au préfet de police d'un relevé général de ces dépenses.

DEUXIÈME PARTIE.

De l'indemnité de déplacement à l'intérieur de l'Empire. — De l'indemnité extraordinaire de voyage à l'intérieur et à l'étranger.

TITRE Ier.

DE L'INDEMNITÉ DE DÉPLACEMENT.

A qui allouée.

Art. 147. L'indemnité de déplacement est allouée :
Aux maréchaux de France,
Aux officiers généraux,
Aux intendants généraux inspecteurs,
Aux intendants militaires,
Aux médecins et pharmaciens inspecteurs,
A l'aumônier en chef,
Dans toutes les positions où les officiers des autres grades ont droit à l'indemnité de route (2).

---

(1) Les dépenses d'indemnité de route faites au titre de la garde de Paris sont remboursées au service des frais de route au moyen d'un virement, par le service de la gendarmerie, qui demeure chargé de faire reverser au Trésor, par la ville de Paris, la moitié du montant de ces dépenses ; en conséquence, le bureau du service des transports, au ministère de la guerre, adresse à celui de la gendarmerie toutes les pièces qui concernent la garde de Paris.

(2) Voir la note ministérielle du 30 avril 1868.

Du tarif.

Art. 148. L'indemnité de déplacement est allouée d'après les fixations du tarif n° 2, à raison du nombre de kilomètres parcourus ou à parcourir, du point de départ au lieu de destination.

Il n'est fait aucune allocation pour les parcours moindres que 40 kilomètres sur les chemins de fer ou 12 kilomètres sur les routes ordinaires.

Art. 149. Les déplacements comportant moins de 40 kilomètres sur les chemins de fer, ou 12 kilomètres sur les routes ordinaires, ne donnent droit à aucune allocation.

Des délais de route et de tolérance.

Art. 150. Les officiers généraux et fonctionnaires désignés à l'article 147 sont tenus de franchir, par jour, 360 kilomètres sur les chemins de fer, ou 120 kilomètres sur les routes ordinaires, lorsqu'ils se rendent à une destination active et qu'ils reçoivent l'indemnité de déplacement. Ils jouissent des mêmes délais de tolérance que les autres officiers.

Du décompte.

Art. 151. Le décompte s'établit d'après les itinéraires qui résultent des documents officiels énumérés à l'article 63, et de la même manière que pour l'indemnité de route.

Ordonnancement. — Paiement.

Art. 152. Les règles d'ordonnancement et de paiement de l'indemnité de route sont applicables à l'indemnité de déplacement, qui est payée sur mandats (modèle n° 1).

Liquidation, justification et régularisation des dépenses.

Art. 153. Les dépenses de l'indemnité de déplacement sont liquidées, justifiées et régularisées comme celles de l'indemnité de route et au titre de la 1re section (officiers sans troupe).

TITRE II.

DE L'INDEMNITÉ EXTRAORDINAIRE DE VOYAGE.

Elle est allouée à raison des distances d'après le tarif n° 3.

Art. 154. Cette indemnité est allouée, d'après le tarif n° 3, à raison des distances parcourues, tant sur les voies ferrées que sur les routes ordinaires, dans l'intérieur de l'Empire et à l'étranger. Lorsque l'itinéraire n'est pas prescrit, le trajet doit être fait par la route qui présente le plus d'économie, à moins d'impossibilité dûment constatée.

Elle est allouée pour les inspections générales, administratives et du service do santé.

Art. 155. L'indemnité extraordinaire de voyage est attribuée aux officiers généraux, aux intendants généraux ou divisionnaires, ainsi qu'aux médecins et pharmaciens inspecteurs, pendant la durée des inspections annuelles ou extraordinaires auxquelles ils procèdent, soit qu'elles aient lieu dans la division territoriale où ils résident, soit qu'elles les obligent à en sortir (1).

Elle peut être allouée aux officiers de tous grades en vertu d'un ordre de mission extraordinaire.

Art. 156. Les officiers, fonctionnaires et employés militaires de tous grades, peuvent aussi recevoir l'indemnité extraordinaire de voyage, lorsqu'ils se déplacent en vertu d'un ordre exprès, émanant d'une des autorités désignées à l'article suivant. Elle est due pour toutes les distances parcourues en vue de l'accomplissement de la mission, mais elle n'est attribuée pour le retour que si la mention en est exprimée dans l'ordre.

Autorités pouvant donner un ordre de mission extraordinaire.

Art. 157. A l'intérieur, l'ordre de voyager avec l'indemnité extraordinaire ne peut émaner que du Ministre de la guerre et des maréchaux pourvus de l'un des grands commandements, ou des généraux commandant les divisions territoriales, les uns et les autres dûment autorisés par lui.

En dehors des limites du territoire de l'Empire, et aux armées opérant à l'intérieur, cet ordre peut être donné par les commandants en chef d'armée ou commandants de corps d'armée, et par les intendants en chef d'armée ou les intendants de corps d'armée.

Le Ministre peut autoriser, dans certains cas, une allocation supplémentaire pour chaque journée de séjour obligé.

Art. 158. En cas de séjour obligé, en route ou à destination, de l'officier chargé d'une mission extraordinaire, le Ministre de la guerre peut lui accorder, s'il juge que la nature et les circonstances de cette mission le comportent, une indemnité indépendante de celle extraordinaire de voyage, et imputable sur le même fonds.

Taux de l'allocation supplémentaire de séjour.

Art. 159. Le taux de cette allocation est fixé, pour chaque journée de séjour, savoir :

---

(1) Voir les notes ministérielles des 17 décembre 1857 et 29 avril 1870.

A quinze francs pour
{ les officiers supérieurs et les fonctionnaires de l'intendance des grades correspondants,
les médecins et pharmaciens principaux ou majors de 1re classe,
les officiers principaux d'administration,
les vétérinaires principaux,

A dix francs pour les officiers des grades inférieurs.

Dans les autres cas de séjour obligé, l'allocation ne peut excéder les fixations du tarif de l'indemnité de route.

Si l'ordre n'enjoint pas le séjour, un certificat délivré par l'autorité locale compétente doit en justifier la cause et la durée.

Les aides de camp et les officiers d'ordonnance des généraux qui reçoivent l'indemnité extraordinaire n'ont droit à aucune allocation.

Art. 160. Les aides de camp ou les officiers d'ordonnance qui accompagnent les généraux jouissant de l'indemnité extraordinaire de voyage, n'ont droit ni à cette indemnité, ni à l'indemnité de route (1).

Traversée de mer (2).

Art. 161. Lorsque l'officier, dans les cas prévus aux articles précédents, a une traversée de mer à faire pour se rendre à destination, et qu'il ne peut être transporté sur les bâtiments de la marine impériale, ou ceux nolisés par l'Etat, il traite de son passage à bord d'un navire du commerce, et il est remboursé de ces frais sur sa déclaration écrite.

Ordonnancement. — Paiement.

Art. 162. L'indemnité extraordinaire de voyage est payée sur ordonnance du Ministre, appuyée d'une copie authentique de l'ordre en vertu duquel la partie prenante a voyagé, ainsi que de l'état des distances et des journées de séjour. Aux armées, le paiement s'effectue sur mandats des intendants militaires.

Décompte des distances.

Art. 163. Le décompte des distances parcourues sur les voies ferrées s'établit à l'aide du Livret-Chaix, et au moyen du livret de poste pour les parcours sur les routes ordinaires.

---

(1) Les frais de route et de séjour de ces officiers sont à la charge des généraux, dont les allocations sont calculées en conséquence.

(2) Voir, pour les inspecteurs généraux, les inspecteurs administratifs et les inspecteurs de santé, la note du 22 mai 1868.

TROISIÈME PARTIE.

Des secours et avances aux militaires français marchant ou séjournant isolément en pays étranger.

TITRE Ier.

SECOURS AU COMPTE DE L'ÉTAT. — AVANCES REMBOURSABLES.

CHAPITRE Ier.

RÈGLES D'ALLOCATION.

Nature des secours. — Par qui accordés.

Art. 164. Les militaires français qui se trouvent à l'étranger, par suite d'évasion des prisons de l'ennemi, de naufrage ou autre événement extraordinaire, reçoivent, par les soins des agents politiques ou consulaires du Gouvernement français, les secours en argent ou en vivres et en vêtements qui leur sont indispensables pendant leur séjour obligé, ou pendant le trajet qu'ils ont à faire pour rentrer en France. Ces secours sont à la charge de l'Etat.

Les secours en argent sont réglés sur le prix des denrées.

Art. 165. Les secours en argent sont proportionnés aux prix des denrées de première nécessité dans le pays. La quotité en est réglée par l'agent politique ou consulaire, sur deux taux uniformes : l'un pour les officiers de tous les grades indistinctement, l'autre pour les sous-officiers et soldats. Les officiers reçoivent les moyens nécessaires pour payer leur transport par les voies rapides, en suivant toutefois la voie la moins onéreuse pour l'Etat, lorsque leur transport ne peut être assuré par des réquisitions délivrées par les agents politiques et consulaires.

Mode d'allocation des secours en argent aux militaires en marche.

Art. 166. Quand le militaire est en marche, les secours en argent ne lui sont accordés que pour le trajet à faire jusqu'à la plus prochaine résidence d'un agent politique ou consulaire français, lequel continue l'allocation ou la modifie, eu égard à la valeur des denrées dans le pays à traverser.

Les militaires transportés par mer aux frais de l'Etat n'ont droit à aucun secours en argent.

Art. 167. Les militaires qui, revenant de l'étranger, sont transportés en France, aux frais de l'Etat, sur les bâtiments de la marine impériale ou sur des navires du commerce, avec lesquels les agents politiques ou consulaires ont à l'avance traité du passage, n'ont droit à aucun secours en argent pour le temps que dure la traversée.

Secours en effets.

Art. 168. Les effets ci-après désignés sont les seuls dont la fourniture puisse être autorisée, savoir :

> Une capote ou redingote,
> Un pantalon,
> Un bonnet de police ou une autre coiffure analogue,
> Un col ou cravate,
> Une chemise,
> Une paire de guêtres,
> Une paire de souliers.

La distribution de ces effets, pendant la station à l'étranger, ou la route à parcourir jusqu'à la frontière de France, n'a lieu qu'en cas d'urgence absolue, et au fur et à mesure des besoins.

Etat à fournir par le chef des militaires formant détachement.

Art. 169. Lorsque des secours sont réclamés par des militaires formant détachement, l'agent politique ou consulaire les leur accorde, sur la remise que lui fait le chef de la troupe d'un état dressé et certifié par lui, où les hommes qu'il commande sont désignés par noms, prénoms et grades, avec indication du corps auquel ils appartiennent.

Nature des avances remboursables.

Art. 170. Indépendamment des secours que les agents politiques et consulaires ont la faculté d'accorder au compte de l'Etat, ils sont, en outre, autorisés à faire des avances en argent aux officiers. Toutefois ces avances ne peuvent excéder le montant d'un mois de solde, pendant toute la durée du séjour ou de la marche de l'officier en pays étranger.

La quittance est adressée immédiatement au Ministre de la guerre par l'intermédiaire du Ministre des affaires étrangères et transmise à l'intendant de la division militaire où l'officier doit résider à son retour en France.

Obligation des fonctionnaires de l'intendance pour le versement au Trésor du montant des avances.

Art. 171. Dès que l'officier a rejoint son poste ou son domicile, l'intendant militaire de la division, au vu de la quittance mentionnée en l'article précédent, prend les mesures nécessaires pour que le versement au Trésor, de la somme qu'elle énonce, soit effectué à bref délai dans la forme prévue par les articles 106 et 123.

Il est opéré de la même manière, dans le cas où l'intendant de la division n'aurait connaissance de l'avance faite à l'étranger que par la mention consignée sur le titre dont l'officier a été pourvu pour rentrer en France.

Dispositions communes aux secours et aux avances.

Art. 172. Les secours en argent ou en vêtements accordés par les agents politiques et consulaires aux militaires de tous grades, et les avances faites aux officiers, sont exactement mentionnés, au point de départ et pendant leur route, sur le passe-port ou autre titre authentique au moyen duquel ils voyagent.

CHAPITRE II.

DE LA JUSTIFICATION ET DE LA LIQUIDATION DES DÉPENSES.

États trimestriels de dépenses certifiés par les résidents français, à transmettre au Ministre de la guerre.

Art. 173. Les dépenses que les agents politiques ou consulaires effectuent pour le compte du département de la guerre, sont portées, à l'expiration du trimestre auquel elles s'appliquent, dans un état (modèle n° 17) certifié par eux, et qui présente distinctement, pour chacun des militaires qui y figurent, la nature des secours qu'il a reçus et la somme qui y est afférente, ainsi que le montant des avances qui peuvent lui avoir été faites. Les états nominatifs dressés par les chefs de détachement, dans le cas prévu par l'article 168, y restent annexés. Aucune pièce justificative n'est exigée des agents politiques et consulaires à l'appui de leurs états trimestriels de dépenses. Ces états sont transmis au Ministre de la guerre, par le Ministre des affaires étrangères, dès qu'ils lui parviennent et après avoir été revêtus de sa légalisation.

Mode de remboursement par le Ministre de la guerre des dépenses effectuées.

Art. 174. Dans les dix derniers jours du troisième mois qui suit l'exercice au titre duquel ont été formés les états trimestriels mentionnés en l'article précédent, le Ministre des affaires étrangères en fait faire un résumé, et l'adresse au Ministre de la guerre, qui, après vérification, en ordonnance le montant au profit de ce département, sur le fonds affecté aux dépenses du service de l'indemnité de route.

Les états trimestriels concernant le même exercice, qui ne parviennent au Ministre des affaires étrangères qu'après l'envoi du résumé, sont, à sa demande, l'objet d'un ordonnancement spécial de la part du Ministre de la guerre.

TITRE II.

DES FRAIS DE RAPATRIEMENT.

Obligations des agents politiques et consulaires.

Art. 175. Les agents politiques et consulaires doivent, autant que possible, renvoyer en France, par la voie de mer, les militaires à l'étranger.

Transport des militaires sur des bâtiments français.

Art. 176. Les capitaines de bâtiments français sont tenus de les recevoir à leur bord. S'ils s'y refusent, la déclaration par écrit qu'ils sont requis de faire à cet égard, ou au défaut de cette déclaration, le rapport des motifs qu'ils allèguent, est adressé au Ministre des affaires étrangères, qui le transmet au Ministre de la guerre.

Prix de traversée sur un navire de commerce.

Art. 177. Le prix de la traversée sur un bâtiment français de la marine marchande est, par jour : de trois francs pour un officier quel que soit son grade, et de un franc pour un sous-officier ou soldat.

Cas de transport par un bâtiment étranger.

Art. 178. Lorsque le transport ne peut s'effectuer que par un bâtiment étranger, l'agent politique ou consulaire traite de gré à gré avec le capitaine.

Paiement du prix de traversée.

Art. 179. Le prix de la traversée n'est acquitté qu'à l'arrivée à destination. Toutefois, quand le navire est étranger, ce prix est payé d'avance au capitaine, s'il l'exige. Le capitaine, si le navire est français, remet au sous-intendant militaire dans l'arrondissement duquel se trouve le port de débarquement, l'état nominatif, certifié par la légation ou le consulat du point de départ, des militaires qu'il a reçus à son bord : et si le bâtiment est étranger, une attestation émanée de la même autorité, constatant la somme convenue pour le transport. Le sous-intendant délivre aussitôt un mandat de paiement, imputable sur le crédit mis à sa disposition pour le service de l'indemnité de route. Si c'est l'agent politique ou consulaire qui acquitte directement le prix de la traversée, la somme qu'il paie au capitaine figure dans l'état trimestriel mentionné à l'article 172.

Remboursement direct au ministère de la marine lorsque le transport a eu lieu
sur un bâtiment de l'Etat.

Art. 180. Le Ministre de la guerre tient compte directement au département de la marine, des dépenses qu'occasionne à ce département le transport des militaires de l'armée de terre par les bâtiments de l'Etat.

DISPOSITIONS GÉNÉRALES.

Art. 181. Le présent règlement sera exécutoire à partir du 1er octobre 1867.

Toutes dispositions antérieures concernant les indemnités de route et de séjour, avances et fournitures, indemnités de déplacement ou extraordinaire de voyage, sont et demeurent abrogées, notamment l'ordonnance royale du 20 décembre 1837.

Art. 182. Les Ministres de la guerre, de la marine, des affaires étrangères, de l'intérieur, de la justice et des finances, sont chargés, chacun en ce qui le concerne, de l'exécution du présent décret, qui sera inséré au *Bulletin des lois*.

Fait à Paris, le 12 juin 1867.

Signé : NAPOLÉON.

Par l'Empereur :

Le Maréchal de France, Ministre Secrétaire
d'Etat au département de la guerre,

Signé : NIEL.

TABLEAUX ET TARIFS.

POSITIONS

DONNANT DROIT A L'INDEMNITÉ DE ROUTE.

Officiers.	Sous-officiers et soldats.	DÉTAIL DES POSITIONS.	Numéros d'ordre des positions.	L'INDEMNITÉ est due pour			OBSERVATIONS.
				l'aller.	le retour.	le séjour.	
		CHAPITRE Iᵉʳ. — MILITAIRES EN ACTIVITÉ.					
		SECTION Iʳᵉ.—*Position de présence.*					
		§ 1ᵉʳ. — *En station, en mission ou détachés à l'intérieur.*					
1	1	Passant d'une destination active à une autre, pourvu que la mutation ne résulte pas d'une demande formée par le militaire, soit pour permuter, soit pour changer de corps ou de résidence.	1	1	»	»	L'indemnité est due toutes les fois que l'ordre ou la lettre de service ne mentionne pas le fait de la demande. Les sous-officiers et soldats passant de la ligne dans la garde de Paris, dans le corps des sapeurs-pompiers, la gendarmerie ou autres corps spéciaux, n'ont droit qu'à l'indemnité du grade dont ils vont prendre possession.
1	»	Mis en disponibilité, en réforme ou en non-activité.	(1)2	1	»	»	
1	1	Admis à la retraite ou aux invalides.	3	1	»	»	
»	1	Renvoyés dans leurs foyers, comme libérés du service, soit provisoirement, soit définitivement ou comme réformés.	4	1	»	»	L'indemnité ne peut excéder celle qui serait due pour se rendre au lieu du dernier domicile. Les hommes renvoyés comme soutiens de famille n'y ont pas droit.

(1) Voir la note ministérielle du 30 avril 1868.

Officiers.	Sous-officiers et soldats.	DÉTAIL DES POSITIONS.	Numéros d'ordre des positions.	L'INDEMNITÉ est due pour			OBSERVATIONS.
				l'aller.	le retour.	le séjour.	
1	1	Allant en congé en attendant la liquidation d'une pension de retraite (4).	5	1	»	»	
1	1	Voyageant sur l'ordre du Ministre ou de toute autre autorité compétente pour remplir une mission ou exécuter un service militaire (3).	6	1	1	1	Le droit à l'indemnité est perdu pour le retour si le militaire a obtenu une permission ou un congé après l'accomplissement de sa mission (2). Les séjours sont fixés par l'ordre ou par l'itinéraire. Les caporaux et brigadiers fourriers ont droit à l'indemnité du grade de sous-officier, quand ils voyagent pour affaires de service.
1	»	Chef de corps accompagnant, en vertu d'un ordre spécial, un inspecteur général ou un officier général en tournée d'inspection trimestrielle, en dehors des limites de la subdivision de région dans laquelle est stationnée la portion principale du corps (4).	7	1	1	»	L'ordre de l'inspecteur général ou de l'inspecteur trimestriel reste annexé à la feuille de route.
1	»	Officiers supérieurs, capitaines instructeurs, médecins-majors et vétérinaires en 1er des corps de troupes à cheval, allant, en vertu d'ordres spéciaux *approuvés par les généraux*, faire des tournées dans les cantonnements.	8	1	1	»	L'indemnité fixe de transport ne peut être allouée plus de deux fois pendant la durée de la tournée.
1	»	Commandants des dépôts de remonte, effectuant les tournées annuelles dans le cas prévu par l'art. 34 du règlement du 23 mars 1837.	9	1	1	»	Même observation.

(1) Voir la décision présidentielle du 3 mai 1875.

(2) Si le militaire a reçu son indemnité de route pour le retour, il ne peut obtenir de congé ou de permission qu'après avoir fourni la preuve qu'il a reversé au Trésor le montant de cette indemnité.

Les sursis d'arrivée accordés par les officiers généraux n'entraînent pas le reversement de l'indemnité de route dans le cas dont il s'agit.

(3) Voir, pour les aides de camp et les officiers d'ordonnance qui accompagnent les généraux en tournée d'inspection trimestrielle, la circulaire du 11 avril 1874. Voir aussi la décision du 21 janvier 1873.

(4) Décision présidentielle du 10 décembre 1876.

Officiers.	Sous-officiers et soldats.	DÉTAIL DES POSITIONS.	Numéros d'ordre des positions.	L'INDEMNITÉ est due pour			OBSERVATIONS.
				l'aller.	le retour.	le séjour.	
1	»	Majors et officiers comptables des corps se déplaçant par ordre supérieur pour assister aux revues trimestrielles.	10	1	1	»	L'indemnité fixe de transport ne peut être allouée plus de deux fois pendant la durée de la tournée.
1	»	Sous-intendants militaires ou adjoints allant visiter leurs annexes.	11	1	1	»	
1	»	Officiers d'état-major chargés d'exécuter des travaux topographiques à une distance de plus de 12 kilomètres de leur résidence habituelle.	12	1	1	»	Les officiers d'état-major, employés à la carte de France, ont droit à l'indemnité du point de départ à destination et retour; mais ils n'y ont point droit pour les mouvements qu'ils ont à faire dans l'étendue de leur circonscription topographique. Ils n'ont pas droit à l'indemnité de séjour, qui est remplacée par des frais spéciaux.
1	1	Officiers et sous-officiers de recrutement ou de gendarmerie allant procéder aux appels de la réserve, dans les cantons ou communes du département, d'après un itinéraire approuvé par l'officier général.	13	1	1	1	L'indemnité fixe de transport n'est allouée que deux fois pour toute la tournée.—Les séjours sont fixés par l'itinéraire.—Les sous-officiers de recrutement reçoivent les mêmes moyens de transport que les officiers qu'ils accompagnent.
1	»	Officiers instructeurs de tir, se déplaçant par ordre supérieur, à l'effet d'assister au concours des détachements de leurs corps pour les prix de tir.	14	1	1	1	Les séjours dûment constatés.
1	»	Officiers d'artillerie et contrôleurs d'armes allant procéder à la visite des armes dans les corps de troupe.	15	1	1	»	Pour le décompte de l'indemnité kilométrique de transport, toutes les distances s'ajoutent, quelque petite qu'elles soient.
1	»	Trésoriers ou officiers-payeurs allant percevoir la solde du corps ou du détachement en dehors de leur résidence.	16	1	1	»	L'autorisation écrite du sous-intendant chargé de la surveillance administrative du corps ou du détachement est nécessaire. L'indemnité fixe de transport est allouée pour le retour seulement; elle est due lors même que l'absence ne dure qu'un jour, par exception aux dispositions de l'art. 19.

Officiers.	Sous-officiers et soldats.	DÉTAIL DES POSITIONS.	Numéros d'ordre des positions.	L'IN-DEMNITÉ est due pour			OBSERVATIONS.
				l'aller.	le retour.	le séjour.	
1	»	Se rendant aux dépôts de remonte pour y prendre des chevaux qui leur sont cédés à titre onéreux ou à titre gratuit (2). (Ils peuvent se faire suppléer par un cavalier ou leur homme de confiance qui reçoit l'indemnité de route de son grade.)	17 (1)	1	1	»	L'indemnité fixe de transport n'est pas allouée.
1	1	Allant conduire des chevaux des dépôts ou succursales aux corps de troupes à cheval, en cas d'insuffisance de l'effectif des détachements régimentaires.	18 (3)	1	1	1	Les séjours sont prescrits par l'itinéraire.
»	1	Cavaliers désignés par les officiers généraux pour conduire à destination des chevaux appartenant à des officiers montés changeant de corps ou de résidence et ayant plus de quatre étapes à franchir.	19	1	1	»	Applicable aux officiers montés de toutes armes.
»	1	Soldats, hommes de confiance autorisés à suivre les officiers dans leurs mutations, lorsque celles-ci donnent droit à l'indemnité de route.	20	1	»	»	
1	1	Se rendant soit aux hôpitaux, soit aux eaux, aux frais de l'État ou à leurs frais personnels.	21	1	1	»	L'indemnité n'est pas due pour le retour, si le militaire a obtenu à sa sortie une permission ou un congé pour affaires personnelles.
1	1	Partant du lieu où ils tenaient garnison avec leur corps, pour se rendre à la nouvelle destination, pour laquelle ce corps est en marche, sans être contraints d'en suivre le mouvement, vu leur état de maladie constaté.	22	1	«	»	Les sous-officiers et soldats reçoivent, dans ce cas et le suivant, les allocations de convoi, lorsque la nécessité en est reconnue.

(1) Applicable aux militaires de tous grades appartenant aux corps spéciaux (gendarmerie, etc.), qui reçoivent des chevaux à titre onéreux.

(2) Circulaire du 28 février 1868.

(3) Cette position s'applique aussi aux détachements régimentaires, lorsqu'ils conduisent des dépôts ou des succursales à leur corps les chevaux qui lui sont destinés et lorsqu'ils retournent dans les dépôts pour y prendre livraison du complément de la remonte.

Officiers.	Sous-officiers et soldats.	DÉTAIL DES POSITIONS.	Numéros d'ordre des positions.	L'INDEMNITÉ est due pour			OBSERVATIONS.
				l'aller.	le retour.	le séjour.	
1	1	Les mêmes, lorsqu'ils marchent avec leur corps, dont ils sont astreints à suivre le mouvement malgré leur état de maladie.	23	1	»	1	Les séjours fixés par l'itinéraire du corps. L'indemnité fixe de transport n'est pas due dans cette position.
1	»	Allant par ordre du Ministre ou d'une autorité supérieure compétente faire partie d'un jury d'examen.	24	1	1	1	La durée des séjours est fixée par le président du jury d'examen.
1	1	Allant subir les épreuves d'un concours.	25 (1)	1	1	1	L'indemnité n'est due pour le retour que si le militaire a subi au moins une des épreuves, ou s'il en a été empêché par maladie dûment constatée. L'indemnité de séjour est allouée aux officiers jusqu'au jour inclus où ils sont rendus libres, suivant certificat du président de la commission d'examen. Les sous-officiers et soldats sont placés en subsistance dans un des corps de la garnison et ne reçoivent pas l'indemnité de séjour.
1	1	Appelés à faire partie, hors de leur résidence, d'un tribunal militaire, d'un conseil d'enquête ou de discipline, ou cités à comparaître comme témoins devant un tribunal civil ou militaire, ou comme accusés devant un tribunal correctionnel.	26 (2)	1	1	1	L'indemnité n'est due pour le retour et les séjours, aux militaires cités devant un tribunal civil, que sur la production d'un certificat du greffier attestant qu'ils n'ont pas reçu des indemnités correspondantes sur les frais de la justice civile.
1	1	Se transportant comme membre d'un tribunal militaire sur les lieux où un délit a été commis.	27	1	1	»	

(1) Applicable aussi aux cas suivants :

1º Sous-officiers et soldats présents à leurs corps, allant concourir pour les Écoles polytechnique et de Saint-Cyr, ou pour l'emploi du service de santé ;

2º Jeune soldat immatriculé dans un dépôt de recrutement comme faisant partie d'une classe appelée à l'activité, allant concourir pour l'emploi d'élève du service de santé ;

3º Musiciens militaires allant prendre part au concours d'admission au Conservatoire de musique en qualité d'élèves militaires.

(2) Voir la circulaire du 7 septembre 1874, relative aux militaires de la gendarmerie appelés en témoignage devant les tribunaux civils. Voir aussi la circulaire du 11 décembre 1874.

Officiers.	Sous-officiers et soldats.	DÉTAIL DES POSITIONS.	Numéros d'ordre des positions.	L'INDEMNITÉ est due pour			OBSERVATIONS.
				l'aller.	le retour.	le séjour	
1	1	Appelés hors de leur résidence pour recevoir la décoration.	28	1	1	1	La nécessité du séjour dûment constatée. L'indemnité fixe de transport n'est pas allouée.
»	1	Allant souscrire un acte de rengagement devant le sous-intendant militaire, en dehors de leur résidence.	29	1	1	»	
1	1	En route pour rejoindre et ne trouvant plus leur corps dans le lieu désigné comme destination sur leur feuille de route; partant pour se rendre à la nouvelle garnison.	30	1	»	»	L'indemnité n'est pas due si le militaire a négligé de faire viser sa feuille de route pour le retour, par un sous-intendant militaire ou un suppléant légal autre qu'un maire.
1	1	Rejoignant après être restés en arrière de leur corps d'après un ordre ou pour cause de maladie constatée.	31	1	»	»	
1	1	Laissés en arrière de leur corps pour les soins à donner aux chevaux malades.	32	1	»	1	L'indemnité de séjour n'est allouée aux sous-officiers et soldats que s'ils n'ont pu être mis en subsistance dans un corps de la place.
1	1	Tenus en séjour dans un port d'embarquement.	33	»	»	1	Même observation. La durée du séjour obligé, dûment constatée.
1	1	Envoyés librement dans un fort, une citadelle ou prison militaire, pour y subir une peine disciplinaire.	34 (3)	1	1	»	
»	1	Jeunes soldats appelés (1) Les mêmes devançant l'appel. Engagés volontaires.	35	1	»	»	Les frais de route de tout engagé volontaire dirigé sur un corps pour lequel les engagements ne sont pas ouverts, sont à la charge de l'autorité qui a délivré le certificat d'acceptation.
»	1	Jeunes soldats de la 2e portion du contingent se rendant aux dépôts d'instruction (2).	36	1	1	»	L'indemnité pour le retour ne peut excéder celle qui a été accordée pour l'aller (art. 72).

(1) Le jour de la revue est compté comme une journée de séjour, même à ceux qui sont domiciliés dans la place où la revue de départ est passée.

(2) Les jeunes soldats de la 2e portion du contingent sont, aujourd'hui, dirigés sur les corps de troupe, comme ceux de la 1re portion.

(3) Position applicable aux hommes de la réserve de l'armée active et de l'armée territoriale allant subir une peine disciplinaire (Circulaire du 18 octobre 1876).

Officiers.	Sous-officiers et soldats.	DÉTAIL DES POSITIONS.	Numéros d'ordre des positions.	L'INDEMNITÉ est due pour			OBSERVATIONS.
				l'aller.	le retour.	le séjour.	
»	1	Sous-officiers et soldats partant de leur corps pour se rendre à l'École polytechnique, ou à l'École militaire de Saint-Cyr, après admission.	37	1	»	»	
»	1	Sous-officiers et soldats. — Jeunes soldats immatriculés dans un dépôt de recrutement comme faisant partie d'une classe appelée à l'activité. — Se rendant dans les hôpitaux d'instruction en qualité d'élèves admis du service de santé (1).	38	1	»	»	
1	1	Officiers provenant des écoles militaires se rendant aux corps ou aux destinations qui leur sont affectés, soit qu'ils partent directement des écoles, soit qu'ils partent de leur domicile où ils étaient en congé.	39	1	»	»	
»	1	Sous-officiers et soldats de la gendarmerie rentrant dans leurs foyers, après avoir achevé leur temps de service ou comme démissionnaires.	40	1	»	»	
»	1	Sous-officiers en activité de service nommés à des emplois vacants dans le personnel des gardes forestiers et dans celui des douanes, postes, lignes télégraphiques, etc., enfin aux emplois civils déterminés par la loi du 24 juill. 1873, partant dans leur corps pour rejoindre leur nouvelle destination.	41	1	»	»	Les séjours obligés dûment justifiés. Les militaires venant directement de leurs corps sont mis, autant que possible, en subsistance. Les anciens militaires dans la même position, en vertu de la décision impériale du 3 janvier 1857, n'ont pas droit à l'indemnité.
»	1	Sous-officiers et soldats se rendant par ordre au chef-lieu du département pour y être visités et contre-visités, conformément à l'instruction du 3 mai 1844 (2) sur les congés de réforme.	42	1	1	1	

(1) Voir la circulaire du 30 novembre 1873.
(2) Instruction remplacée par celle du 6 novembre 1875.

Officiers.	Sous-officiers et soldats.	DÉTAIL DES POSITIONS.	Numéros d'ordre des positions.	l'aller.	le retour.	le séjour.	OBSERVATIONS.
1	1	Officiers, sous-officiers et gendarmes rentrant à leur poste, après une escorte.	43	1	»	»	Le mandat est établi au titre du ministère qui a requis l'escorte.
1	1	Rejoignant leur corps ou leur poste après avoir accompagné un aliéné.	44	»	1	»	Pour l'aller, ils reçoivent, ainsi que l'aliéné, l'indemnité journalière seulement. Ils voyagent en chemin de fer avec l'aliéné, dans un compartiment séparé de wagon de 2ᵉ classe et sur les routes ordinaires dans les voitures du service des convois.

§ 2. — *Rentrant des armées.*

Officiers.	Sous-officiers et soldats.	DÉTAIL DES POSITIONS.	Numéros d'ordre des positions.	l'aller.	le retour.	le séjour.	OBSERVATIONS.
1	1	Revenant d'une armée, d'après un ordre ou par congé de convalescence ou comme libérés du service (1).	45	1	»	»	A partir du passage de la frontière ou du port de débarquement.
1	1	Revenant d'une armée comme étant hors d'état de faire un service actif.	46	1	»	»	Même observation que ci-dessus.
1	1	Faisant quarantaine dans un port.	47	»	»	1	L'indemnité de séjour n'est allouée que sur certificat de l'autorité compétente constatant la durée de la quarantaine.

SECTION II. — *Positions d'absence.*

§ 1ᵉʳ. — *En semestre, congé ou permission* (2).

Officiers.	Sous-officiers et soldats.	DÉTAIL DES POSITIONS.	Numéros d'ordre des positions.	l'aller.	le retour.	le séjour.	OBSERVATIONS.
1	1	Recevant et exécutant, avant l'expiration de leur titre d'absence, l'ordre de rejoindre leur corps ou une destination active quelconque.	48	1	»	»	L'indemnité n'est pas due si le militaire, au moment où il se met en route pour rejoindre, n'a plus que le temps strictement nécessaire pour arriver à destination à l'expiration de son titre d'absence, en raison des délais de route et de tolérance qui lui sont accordés.

(1) Les militaires de l'armée d'Afrique, libérés du service, conservent le droit à l'indemnité de route pendant 2 ans, à compter du jour de leur radiation des contrôles.
(2) La position spécifiée au n° 6 est applicable au § 1er de la section 2.

Officiers.	Sous-officiers et soldats.	DÉTAIL DES POSITIONS.	Numéros d'ordre des positions.	L'INDEMNITÉ est due pour			OBSERVATIONS.
				l'aller.	le retour.	le séjour.	
1	1	Rejoignant, à l'expiration de leur titre d'absence, une garnison ou une destination autre que celle d'où ils sont partis, lorsque le trajet occasionne une dépense plus forte que pour se rendre à l'ancienne garnison ou destination.	49	1	»	»	Le montant de l'indemnité est égal à la différence des deux décomptes, et l'indemnité fixe n'est pas allouée.
1	1	Rejoignant une armée à l'expiration d'un congé de convalescence obtenu à l'intérieur ou à l'armée.	50	1	»	»	Même observation qu'au n° 1, dans le cas où la mutation a lieu pour cause de permutation ou de convenance personnelle. Jusqu'au passage de la frontière ou au port d'embarquement.
»	1	Étant dans leurs foyers en congé provisoire de libération et rentrant au corps par suite de rengagement contracté dans la dernière année de service.	51	1	»	»	Les militaires dans cette position n'ont pas droit à l'indemnité lorsqu'ils sont réadmis sous les drapeaux sur leur demande, sans avoir contracté de rengagement.
1	1	Se rendant aux eaux aux frais de l'État ou à leurs frais personnels d'après une autorisation spéciale.	52	1	»	»	Les militaires en congé de libération provisoire n'ont pas droit à l'indemnité dans cette position.
»	1	Entrant à l'hôpital pour cause de maladie vénérienne ou cutanée.	53	1	»	»	Applicable aux militaires de la réserve.
»	»	»	54 (1)	»	»	»	»
»	1	Rejoignant leur corps ou leur poste après avoir joui d'un congé de convalescence obtenu à l'hôpital ou aux eaux.	55	1	»	»	Si le militaire est entré à l'hôpital ou est allé aux eaux dans la position de congé, l'indemnité n'est due que si le trajet est plus coûteux que celui qu'il a dû faire pour aller jouir de son congé à son départ du corps ; le montant est égal à la différence des deux décomptes et l'indemnité fixe n'est pas allouée.
1	1	Se trouvant en France en vertu d'un titre d'absence obtenu aux armées et rejoignant à l'intérieur leur corps ou une portion de leur corps, ou un nouveau corps, ou une nouvelle destination quand ce n'est pas sur leur demande.	56	1	»	»	Si c'est d'après leur demande qu'ils reçoivent une destination à l'intérieur, l'ordre ou la lettre de service doit le mentionner expressément.

(1) N° 54 supprimé par décision présidentielle du 3 mai 1875.

Officiers.	Sous-officiers et soldats.	DÉTAIL DES POSITIONS.	Numéros d'ordre des positions.	L'INDEMNITÉ est due pour			OBSERVATIONS.
				l'aller.	le retour.	le séjour.	

§ 2. — A l'hôpital ou aux eaux (1).

Officiers.	Sous-officiers et soldats.	DÉTAIL DES POSITIONS.	Numéros d'ordre des positions.	l'aller.	le retour.	le séjour.	OBSERVATIONS.
1	1	Evacués d'un hôpital sur un autre.	57	1	»	»	Les sous-officiers et soldats ont également droit aux convois dans cette position.
1	1	Allant en congé de convalescence à la sortie de l'hôpital ou après avoir fait usage des eaux.	58	1	»	»	L'indemnité est due aussi dans le cas où le militaire serait entré à l'hôpital ou aurait été faire usage des eaux pendant la durée d'un congé.
1	1	Rentrant à leur corps ou à leur poste à la sortie de l'hôpital, ou après avoir fait usage des eaux lorsqu'ils y avaient été admis dans la position de congé, si le trajet qu'ils ont à faire est plus coûteux que celui qu'ils ont fait pour se rendre en congé.	59	1	»	»	Le montant de l'indemnité est égal à la différence des deux décomptes. L'indemnité fixe de transport n'est pas allouée. Si le militaire rejoint un nouveau corps ou une nouvelle destination, l'indemnité n'est due que lorsque la mutation ne résulte pas d'une demande formée par lui.
1	1	Rejoignant un nouveau corps ou une nouvelle destination à la sortie de l'hôpital ou après avoir fait usage des eaux.	60	1	»	»	Si la mutation résulte d'une demande formée par le militaire, l'indemnité ne peut excéder celle qui serait due pour rejoindre l'ancienne destination.

§ 3. — En jugement ou détention. En captivité ou naufragés.

Officiers.	Sous-officiers et soldats.	DÉTAIL DES POSITIONS.	Numéros d'ordre des positions.	l'aller.	le retour.	le séjour.	OBSERVATIONS.
1	1	Rejoignant leur poste ou rentrant dans leurs foyers comme libérés ou réformés à l'expiration d'une peine d'emprisonnement ou après avoir été graciés ou amnistiés.	61 (2)	1	»	»	

(1) Les positions spécifiées aux nos 2, 3, 4, 5, 25 et 34 sont applicables au § 2 de la section 2.

(2) Les militaires graciés de la peine des travaux publics et dirigés sur Alger pour y être incorporés dans les bataillons d'infanterie légère d'Afrique, ne doivent recevoir, au moment de leur départ ou en route, que les effets de petit équipement strictement nécessaires pour se rendre à destination.

Officiers.	Sous-officiers et soldats.	DÉTAIL DES POSITIONS.	Numéros d'ordre des positions.	L'INDEMNITÉ est due pour			OBSERVATIONS.
				l'aller.	le retour.	le séjour.	
1	1	Mis en liberté après jugement et rejoignant leur corps ou leur poste.	62	1	»	»	
1	1	Admis à l'hôpital pendant la durée d'une peine d'emprisonnement.	63	1	»	»	
1	1	Rentrant en France après captivité ou naufrage.	64	1	»	»	A partir du passage de la frontière, l'indemnité de séjour n'est allouée que d'après l'autorisation du Ministre.

CHAPITRE II. — MILITAIRES EN DISPONIBILITÉ, NON-ACTIVITÉ (1), RÉFORME OU RETRAITE.

Officiers.	Sous-officiers et soldats.	DÉTAIL DES POSITIONS.	Numéros d'ordre des positions.	l'aller.	le retour.	le séjour.	OBSERVATIONS.
1	»	Passant de la disponibilité ou de la non-activité à l'activité, à la retraite ou aux invalides.	65	1	»	»	
1	»	Conduisant des recrues ou prisonniers de guerre ou escortant des convois.	66	1	1	1	Les séjours assignés par l'itinéraire ou obligés par cas de force majeure.
1	1	Dans la position de réforme ou de retraite, requis par l'autorité militaire supérieure compétente pour un service militaire ou une mission.	67	1	1	1	Les séjours fixés par l'ordre.
1	»	Officiers et employés militaires en non-activité se déplaçant pour être visités.	68	1	1	»	L'indemnité fixe de transport n'est pas due.
1	»	Les mêmes, convoqués pour se rendre devant le général qui doit les passer en revue, lorsqu'ils sont obligés de quitter leur arrondissement.	69	1	1	1	L'indemnité fixe de transport n'est pas due.

(1) Les positions spécifiées aux nos 6, 21, 24 et 25 sont applicables aux officiers en disponibilité ou en non-activité.

NOTA. L'indemnité de route est due aux militaires de l'arme de la gendarmerie dans les positions prévues aux chapitres 1 et 2, lorsque ces militaires ne reçoivent pas l'une des indemnités spéciales fixées par le règlement particulier de l'arme.

Officiers.	Sous-officiers et soldats.	DÉTAIL DES POSITIONS.	Numéros d'ordre des positions.	l'aller.	le retour.	le séjour.	OBSERVATIONS.
				L'INDEMNITÉ est due pour			

CHAPITRE III. — ENFANTS DE TROUPE, BLANCHISSEUSES ET VIVANDIÈRES.

Officiers.	Sous-officiers et soldats.	DÉTAIL DES POSITIONS.	Numéros	l'aller.	le retour.	le séjour.	OBSERVATIONS.
»	1	Les enfants de troupe ont droit à l'indemnité dans les mêmes positions que les sous-officiers et soldats et d'après le tarif des allocations attribuées aux soldats.	70	»	»	»	
»	1	Blanchisseuses, vivandières congédiées ou quittant le corps par suite de réforme, admission à la retraite ou décès de leurs maris.	71	1	»	»	L'indemnité du grade du mari.
»	1	Les mêmes allant en témoignage.	72	1	1	1	Mêmes observations qu'aux nos 26 et 71.
»	1	Admises aux hôpitaux par suite de blessures reçues aux armées.	73	1	1	»	Lorsqu'elles ne reçoivent pas le convoi. Même observation qu'au no 71.
»	1	Rentrant des prisons de l'ennemi ou par suite de naufrage.	74	1	»	»	Même observation qu'au no 71.

CHAPITRE IV. — MILITAIRES ET AUTRES N'APPARTENANT PAS AUX CADRES CONSTITUTIFS DE L'ARMÉE.

§ 1er. — *Officiers, sous-officiers et soldats invalides de la guerre.*

Officiers.	Sous-officiers et soldats.	DÉTAIL DES POSITIONS.	Numéros	l'aller.	le retour.	le séjour.	OBSERVATIONS.
1	1	Congédiés de l'Hôtel des Invalides et se retirant dans leurs foyers.	75	1	»	»	Les officiers invalides n'ont droit qu'à l'indemnité du grade sur lequel a été réglée leur pension de retraite.
1	1	Réadmis à l'Hôtel.	76	1	»	»	
1	1	Sortant une seconde fois de l'Hôtel.	77	1	»	»	
1	1	Allant aux eaux.	78	1	1	»	L'indemnité n'est due pour le retour que s'ils n'ont pas obtenu un congé ou une permission aux eaux.
1	1	Appelés hors de leur résidence devant un tribunal militaire.	79	1	1	1	Même observation qu'au no 26.

Officiers.	Sous-officiers et soldats.	DÉTAIL DES POSITIONS.	Numéros d'ordre des positions.	L'INDEMNITÉ est due pour			OBSERVATIONS.
				l'aller.	le retour.	le séjour.	
		§ 2. — *Sous-officiers et soldats de la réserve.*					
»	1	Rappelés à l'activité et rejoignant leur destination.	80	1	»	»	
»	1	Conduisant des recrues ou des prisonniers de guerre ou escortant un convoi.	81	1	1	1	Les séjours fixés par l'itinéraire.
»	1	Appelés hors de leur résidence en témoignage devant un tribunal militaire.	82	1	1	1	Même observation que ci-dessus.
		NOTA. Voir le n° 53 qui est applicable aux militaires de la réserve.					
		§ 3. — *Officiers, sous-officiers et soldats de la garde nationale* (1).					
1	1	Escortant des prisonniers de guerre ou un convoi.	83	1	1	1	Les séjours fixés par l'itinéraire. L'indemnité fixe de transport n'est pas due.
1	1	Remplissant une mission militaire en temps de guerre ou de troubles à l'intérieur.	84	1	1	1	Les séjours fixés par l'ordre ou l'itinéraire.
		§ 4. — *Officiers, sous-officiers et soldats de la garde de Paris et des sapeurs-pompiers de la ville de Paris.*					
1	1	Se déplaçant sur l'ordre du Ministre de la guerre.	85	1	1	1	Les séjours fixés par l'ordre ou l'itinéraire.
		§ 5. — *Officiers de santé civils.*					
1	»	Accompagnant des évacuations.	86	1	1	1	L'indemnité du grade de capitaine.
1	»	Requis pour tout service militaire exigeant un déplacement.	87		1	1	L'indemnité du grade de capitaine.
		§ 6. — *Veuves et orphelins des militaires.*					
»	»	La veuve et, à son défaut, l'enfant unique ou l'aîné des orphelins du défunt (dans le cas seulement où le décès a eu lieu, soit à une armée outre-mer, soit dans les prisons de l'ennemi, où ils ont partagé sa captivité) rentrant dans ses foyers.	88	1	»	»	L'indemnité due à partir du passage de la frontière ou depuis le port de débarquement. Elle est allouée sur le taux de l'indemnité à laquelle aurait eu droit le défunt d'après son grade au jour du décès.

(1) Paragraphe devenu sans objet par suite de la dissolution des gardes nationales (Loi du 25 août 1871).

Officiers.	Sous-officiers et soldats.	DÉTAIL DES POSITIONS.	Numéros d'ordre des positions.	L'INDEMNITÉ est due pour			OBSERVATIONS.
				l'aller.	le retour.	le séjour.	
»	»	Les orphelins du même voyageant avec leur mère.	89	1	»	»	L'indemnité du grade de soldat.
»	»	Les orphelins du même voyageant sans leur mère.	90	1	»	»	L'indemnité du grade de soldat; l'aîné reçoit l'indemnité du grade du père.

§ 7. — *Déserteurs ou présumés tels.*

Officiers.	Sous-officiers et soldats.	DÉTAIL DES POSITIONS.	Numéros d'ordre des positions.	L'INDEMNITÉ est due pour			OBSERVATIONS.
				l'aller.	le retour.	le séjour.	
1	1	Mis en liberté après une peine d'emprisonnement préventive.	91	1	»	»	L'indemnité est due pour la distance du lieu de détention à celui où a eu lieu l'arrestation.
1	1	Mis en liberté à l'expiration de la peine d'emprisonnement après condamnation.	92	1	»	»	L'indemnité est due pour rentrer dans leurs foyers, ou dans tous autres lieux sui autorisation spéciale de l'autorité militaire compétente.

§ 8. — *Prisonniers de guerre et réfugiés militaires étrangers.*

Officiers.	Sous-officiers et soldats.	DÉTAIL DES POSITIONS.	Numéros d'ordre des positions.	L'INDEMNITÉ est due pour			OBSERVATIONS.
				l'aller.	le retour.	le séjour.	
1	1	Se rendant de la frontière au dépôt ou à la résidence qui leur est assignée.	93	1	»	»	
1	1	Admis à l'hôpital en dehors de leur lieu de résidence.	94	1	1	»	
1	1	Partant pour rentrer dans leur patrie.	95	1	»	»	Jusqu'au passage de la frontière ou du port d'embarquement.
»	1	Réfugiés étrangers, déserteurs, lorsqu'ils contractent un engagement pour la légion étrangère.	96	1	»	»	

TABLEAU A¹.

POSITIONS

NE DONNANT PAS DROIT A L'INDEMNITÉ DE ROUTE.

Nota. Le présent tableau est un guide à consulter, mais il ne saurait faire règle pour établir le droit à l'indemnité de route dans un cas qui n'y serait pas prévu.

Officiers.	Sous-officiers et soldats.	DÉTAIL DES POSITIONS.	Numéros d'ordre des positions.	OBSERVATIONS.
		CHAPITRE Iᵉʳ. — MILITAIRES EN ACTIVITÉ.		
1	1	Passant d'une destination active à une autre sur leur demande, lorsque celle-ci est rappelée dans la lettre ou dans l'ordre de service.	1	
1	1	Passant d'une destination active à une autre par permutation volontaire.	2	Les militaires de l'armée d'Afrique permutant sur leur demande, dans les conditions du décret du 13 février 1852, conservent le droit à l'indemnité de route.
1	»	Allant siéger comme membres de conseils généraux ou d'arrondissements.	3	
1	1	Allant en semestre, en congé pour affaires personnelles ou comme soutiens de famille, ou en permission.	4	
1	1	Voyageant dans l'étendue de la circonscription assignée à leur service.	5	Sauf dans les cas spécifiés aux nᵒˢ 7, 8, 9, 10 et 11 du tableau A.
1	1	Allant en mission et recevant des frais spéciaux de voyage.	6	Par exception, les officiers d'artillerie et contrôleurs eu inspection d'armes reçoivent l'indemnité journalière cumulativement avec les frais spéciaux, pour les jours d'arrivée dans les lieux où ils doivent opérer.
1	»	Chef de corps accompagnant un inspecteur général ou un officier général en tournée d'inspection trimestrielle dans l'étendue de la subdivision de région où réside la portion principale du corps.	7	Décision présidentielle du 19 décembre 1876.
1	»	Aides de camp ou officiers d'ordonnance voyageant avec des officiers généraux, lorsque ceux-ci reçoivent l'indemnité extraordinaire de voyage (1).	8	

(1) Voir la circulaire du 11 avril 1874.

Officiers.	Sous-officiers et soldats.	DÉTAIL DES POSITIONS.	Numéros d'ordre des positions.	OBSERVATIONS.
1	»	Les mêmes accompagnant leurs généraux allant en ambassade, en convalescence ou en revenant.	9	
1	1	Militaires de la gendarmerie allant escorter des prévenus ou des condamnés.	10	Ils reçoivent les moyens de transport en nature et une indemnité spéciale sur les fonds de la gendarmerie.
1	1	Militaires de la gendarmerie en tournée dans le département où réside leur compagnie.	11	Ils reçoivent, dans ce cas, les indemnités prévues par le règlement du 18 février 1863.
1	»	Officiers d'état-major, employés à la carte de France, voyageant pour leurs travaux dans l'étendue de leur circonscription topographique.	12	
1	1	Voyageant, suivant l'itinéraire tracé par le préfet pour les opérations de la levée, dans l'étendue du département.	13	Ils reçoivent des frais de tournée sur les fonds du recrutement.
»	1	Cavaliers désginés par les officiers généraux pour conduire à destination des chevaux appartenant à des officiers montés changeant de corps ou de résidence et n'ayant pas à franchir plus de 4 étapes (1).	14	
1	1	Soldats, hommes de confiance autorisés à suivre les officiers dans leurs mutations, lorsque celles-ci ne donnent pas droit à l'indemnité de route.	15	
1	1	Rejoignant après l'accomplissement d'une mission à la suite de laquelle ils ont obtenu un congé à tout autre titre que celui de convalescence, ou une permission.	16	
1	»	Officiers, Français d'origine, rentrant dans leurs foyers après avoir volontairement quitté le service d'une puissance étrangère, sans reprendre immédiatement du service en France.	17	
1	»	Allant par ordre du Ministre ou d'une autorité supérieure faire partie d'un jury d'examen, et recevant, pour cette mission spéciale, des frais ou allocations extraordinaires de voyage.	18	

(1) Position conforme à l'article 3 du décret du 19 mai 1869.

Officiers.	Sous-officiers et soldats.	DÉTAIL DES POSITIONS.	Numéros d'ordre des positions.	OBSERVATIONS.
1	1	Revenant d'un concours sans avoir pris part à une des épreuves au moins.	20	Le cas de maladie, dûment constaté, excepté. (*Voir* l'Observation du n° 25 des allocations.)
1	1	Rejoignant une nouvelle destination à l'intérieur pendant la durée d'un titre d'absence obtenu aux armées.	21	Sauf dans le cas prévu au n° 56 du tableau **A**.
1	1	Quittant leur corps pendant la route et se prétendant égarés.	22	
1	»	Engagés volontaires après libération et remplaçants administratifs ayant obtenu un sursis de départ, et en ayant joui (1).	23	
1	»	Jeunes soldats de la 2ᵉ portion du contingent se rendant, à l'expiration du séjour au dépôt d'instruction, à une destination comportant une allocation supérieure à celle reçue pour rejoindre.	24	*Voir* l'Observation du n° 36 des allocations.
1	»	Les officiers des maisons militaires de l'Empereur ou des princes de la famille impériale, à moins qu'ils ne cessent de faire partie de ces maisons, pour y rejoindre un corps ou une destination active.	25	
1	»	Les élèves des Écoles polytechnique, spéciale militaire, de médecine ou vétérinaire, non liés au service par un engagement volontaire ou non immatriculés dans un dépôt de recrutement, comme faisant partie d'une classe appelée à l'activité, rejoignant l'École, ou se rendant en congé de convalescence pendant la durée de leurs études.	26	
»	1	Les mêmes se rendant en congé à leur sortie de l'École, pour y attendre une destination active, ou l'ordre de rejoindre une école d'application.	27	*Voir* le n° 39 des allocations.
1	1	Passant à des fonctions civiles non prévues par la loi du 24 juillet 1873.	28	*Voir* l'exception consacrée par le n° 44 des allocations, en faveur des sous-officiers et soldats nommés à des emplois dans le personnel des eaux et forêts, des douanes, etc.
1	1	Officiers et employés militaires démissionnaires (2).	29	
1	1	Les mêmes destitués ou révoqués (2).	30	

(1) Position supprimée par l'article 2 de la loi du 1ᵉʳ février 1868.
(2) Positions supprimées par l'article 3 du décret du 19 mai 1869.

Officiers.	Sous-officiers et soldats.	DÉTAIL DES POSITIONS.	Numéros d'ordre des positions.	OBSERVATIONS.
1	1	Officiers de santé ou d'administration commissionnés, employés, sous-employés et ouvriers des divers services administratifs ou des manufactures ressortissant au ministère de la guerre, licenciés sur plaintes ou sur leur demande.	31	
1	»	Officiers se transportant sur un point quelconque pour une exécution tendant au recouvrement des impositions, ou en revenant.	32	Reçoivent, dans ce cas, un traitement particulier à la charge de qui de droit, aussi bien pour l'aller et le retour que pour le séjour.
1	»	Employés comme garnissaires à la recherche des recrues ou en revenant.	33	Même observation.
1	1	Faisant partie d'un détachement voyageant avec la solde de route, quelle que soit la réduction qu'ait subie l'effectif du détachement.	34	Les militaires accompagnant des détachements de recrues reçoivent l'indemnité de route.
1	1	Voyageant sous l'escorte de la gendarmerie.	35	
1	1	Passant d'un port du continent en Corse, ou dans une île, ou à toute autre destination à atteindre par mer, ou en revenant, lorsqu'ils sont nourris à bord par les soins de la marine ou du capitaine du navire.	36	
1	1	Rappelés à leur corps ou à leur poste avant l'expiration de leur titre d'absence, lorsqu'ils n'ont plus que le temps strictement nécessaire pour arriver à destination, en raison des délais de route et de tolérance.	37	
1	1	En route pour rejoindre et ne trouvant plus leur corps dans le lieu désigné comme destination sur leurs feuilles de route, lorsqu'ils ont négligé de faire viser celles-ci, pour le retour, par un sous-intendant ou un suppléant légal autre qu'un maire.	38	
1	1	Recevant l'ordre de rejoindre leur corps ou résidence, étant absents sans autorisation.	39	
1	1	Rejoignant, après avoir reçu, à l'expiration d'un congé de convalescence, une nouvelle autorisation d'absence, à tout autre titre que celui de prolongation de convalescence.	40	

Officiers.	Sous-officiers et soldats.	DÉTAIL DES POSITIONS.	Numéros d'ordre des positions.	OBSERVATIONS.
1	1	Rejoignant, à l'expiration d'un congé de convalescence obtenu à l'hôpital ou dans un établissement thermal, où ils avaient été admis pendant la durée d'un congé à tout autre titre que celui de convalescence ou pendant une permission.	41	Sauf le cas prévu par l'observation consignée au n° 55 des allocations, où il serait fait application du principe de décompte y énoncé.
«	1	En congé provisoire de libération, réadmis, sur leur demande, sous les drapeaux.	42	
«	1	Dans la même position, se rendant à l'hôpital ou aux eaux.	43	Le cas de maladie cutanée ou vénérienne excepté.
1	1	Evacués collectivement d'un hôpital militaire, lorsque les moyens de transport et les vivres sont fournis par le service des hôpitaux.	44	
1	1	Sortant d'un hôpital ou d'un établissement thermal pour aller jouir d'une permission ou d'un congé à tout autre titre que celui de convalescence.	45	
1	1	Sortant d'un hôpital ou revenant des eaux, après y avoir été admis dans des positions ne comportant pas le droit à l'indemnité de route pour s'y rendre.	46	
1	1	Se retirant dans leurs foyers après avoir donné leur démission ou avoir été destitués ou révoqués.	47	

CHAPITRE II. — MILITAIRES EN RÉFORME, RETRAITE OU CONGÉDIÉS DÉFINITIVEMENT.

Officiers.	Sous-officiers et soldats.	DÉTAIL DES POSITIONS.	Numéros d'ordre des positions.	OBSERVATIONS.
1	1	Se rendant à l'hôpital ou aux eaux pour y être traités à charge de remboursement du prix de journée ou aux frais de l'Etat.	48	
«	1	Appelés devant la commission de réforme pour la visite bisannuelle, en vertu de la décision impériale du 3 janvier 1857.	49	

CHAPITRE III. — ENFANTS DE TROUPE, BLANCHISSEUSES-VIVANDIÈRES.

Officiers.	Sous-officiers et soldats.	DÉTAIL DES POSITIONS.	Numéros d'ordre des positions.	OBSERVATIONS.
«	1	Les enfants de troupe n'ont pas droit à l'indemnité de route dans les positions où les sous-officiers et soldats sont privés de ce droit.	50	
«	1	Blanchisseuses-vivandières quittant le corps sur leur demande et pour convenance personnelle ou révoquées en raison de leur conduite.	51	

Officiers.	Sous-officiers et soldats.	DÉTAIL DES POSITIONS.	Numéros d'ordre des positions.	OBSERVATIONS.
»	1	Les mêmes sortant d'un hôpital civil pour rejoindre le corps où elles sont commissionnées.	52	

CHAPITRE IV. MILITAIRES ET AUTRES N'APPARTENANT PAS AU CADRE CONSTITUTIF DE L'ARMÉE.

§ 1er — *Officiers, sous-officiers et soldats invalides de la guerre.*

Officiers.	Sous-officiers et soldats.	DÉTAIL DES POSITIONS.	Numéros d'ordre des positions.	OBSERVATIONS.
1	1	Allant en congé à leur sortie d'un établissement thermal, ou rentrant à l'Hôtel à l'expiration d'un semblable congé.	53	

§ 2. — *Sous-officiers et soldats de la réserve.*

Officiers.	Sous-officiers et soldats.	DÉTAIL DES POSITIONS.	Numéros d'ordre des positions.	OBSERVATIONS.
»	1	Inscrits à un titre quelconque sur les contrôles de la réserve, se rendant à l'hôpital ou aux eaux ou en revenant.	54	Le cas de maladie vénérienne ou cutanée excepté.
»	1	Allant au chef-lieu de canton répondre aux appels périodiques.	55	

§ 3. — *Officiers, sous-officiers et soldats de la garde de Paris et des sapeurs-pompiers de la Ville de Paris.*

Officiers.	Sous-officiers et soldats.	DÉTAIL DES POSITIONS.	Numéros d'ordre des positions.	OBSERVATIONS.
1	1	N'ont pas droit à l'indemnité de route dans toutes les positions où les officiers, sous-officiers et soldats des autres armes sont privés de ce droit.	56	

§ 4. — *Veuves et orphelins des militaires. — Femmes et enfants des militaires prisonniers de guerre.*

Officiers.	Sous-officiers et soldats.	DÉTAIL DES POSITIONS.	Numéros d'ordre des positions.	OBSERVATIONS.
1	1	Rentrant dans leurs foyers lorsque la mort du mari ou père n'a pas eu lieu à une armée outre-mer ou dans les prisons de l'ennemi, où ils auraient partagé sa captivité.	57	
1	1	Rentrant en France avec ou sans leur mari ou père, après avoir passé volontairement à l'étranger pour le rejoindre en captivité.	58	

§ 5. — *Employés des postes ou du trésor.*

Officiers.	Sous-officiers et soldats.	DÉTAIL DES POSITIONS.	Numéros d'ordre des positions.	OBSERVATIONS.
1	»	Se rendant aux armées ou en revenant ou dans toute autre position.	59	

N° 1. TARIF DE L'INDEMNITÉ DE ROUTE.

GRADES (1).	INDEMNITÉ journalière.	INDEMNITÉ DE TRANSPORT		fixe par voyage.	OBSERVATIONS.
		kilométrique sur les voies ferrées.	kilométrique en diligence.		
	fr.	(2) fr.	(2) fr.	fr.	Lorsque le parcours a lieu sur les voies ferrées où les militaires paient demi-place, le taux de l'indemnité kilométrique de transport fixé par le présent tarif est doublé; il est quadruplé si le chemin de fer n'est astreint à aucune réduction du prix de la place.
Colonel. . . . . Lieutenant-colonel. . . . . Chef de bataillon ou d'escadron.	5 00	0 031	0 16	5 00	
Capitaine. . . . . Lieutenant . . . . Sous-lieutenant.	3 00	0 031	0 14	5 00	Les veuves et les orphelins de militaires n'étant pas admis à voyager sur les chemins de fer au 1/4 de place, le taux de l'indemnité kilométrique de transport fixé par le présent tarif est quadruplé lorsqu'il s'agit de leur appliquer les dispositions du paragraphe 6 du chapitre IV du tableau A (3).
Adjudant sous-officier.	(4) 3 00	0 023	0 14	»	
Sergent-major ou maréchal des logis chef. . . . . Sergent ou maréchal des logis. .	(4) 1 75	0 017	0 135	»	
Caporal ou brigadier. . . . . . . Soldat.	(5) 1 25	0 017	0 135	»	

(1) Le tarif ne comprend que les grades militaires, mais il s'applique aux fonctionnaires et employés militaires d'après l'assimilation qui leur est conférée pour le droit aux allocations, suivant le tableau B.

(2) Fixations du décret du 12 octobre 1871.

(3) Observation conforme au décret du 19 mai 1869.

(4) Article 31 du décret du 25 décembre 1875.

(5) Voir le décret du 18 juillet 1876, fixant à 1 fr. 25 l'indemnité journalière due aux disponibles, réservistes et hommes de l'armée territoriale, quel que soit leur grade, pour rejoindre le corps auquel ils sont affectés (art. 2). Cette règle est applicable même à ceux qui voyagent en détachement (art. 4 du même décret).

N° 2. TARIF DE L'INDEMNITÉ DE DÉPLACEMENT (1).

GRADES.	TAUX DE L'INDEMNITÉ SUR LES			
	VOIES FERRÉES.			ROUTES ORDINAIRES.
	Au 1/4 du tarif.	Au 1/2 tarif.	Au plein tarif.	
	Kilomètre.	Kilomètre.	Kilomètre.	Kilomètre.
	fr. c. m.	fr. c. m.	fr. c. m.	fr. c. m.
Maréchal de France.	0 60 0	0 65 0	0 75 0	1 54 0
Général de division. . . . . Intendant général inspecteur. . . Général de brigade . . . . Intendant militaire. . . . . Médecin inspecteur. . . . . Pharmacien inspecteur. . . . . . Aumônier en chef.	0 17 5	0 22 5	0 32 5	0 48 0

(1) Tarifs nᵒˢ 2 et 3 conformes au décret du 19 mai 1869.

N° 3.

TARIF DE L'INDEMNITÉ EXTRAORDINAIRE DE VOYAGE.

GRADES.	TAUX DE L'INDEMNITÉ			
	SUR LES VOIES FERRÉES			sur les ROUTES ORDINAIRES.
	au 1/4 du tarif.	au 1/2 du tarif.	au plein tarif.	
	Kilomètre.	Kilomètre.	Kilomètre.	Kilomètre.
	fr. c. m.	fr. c. m.	fr. c. m.	fr. c. m.
Maréchal de France.	1 20	1 30	1 50	3 07
Général de division commandant en chef un corps d'armée.	0 80	0 90	1 10	1 92
Général de division. / Général de brigade. — En inspection annuelle ou extraordinaire de gendarmerie — avec ou sans aides de camp.	0 55	0 65	0 85	1 50
Général de division. / Intendant général inspecteur. / Général de brigade. / Intendant militaire. / Médecin ou pharmacien inspecteur. — En inspection annuelle ou extraordinaire de tous les autres services — avec ou sans aides de camp.	0 50	0 60	0 80	1 34 5
Général de division. / Général de brigade. — avec 2 aides de camp.	0 50	0 60	0 80	1 34 5
— avec 1 aide de camp.	0 40	0 50	0 70	1 15
— sans aide de camp.	0 35	0 40	0 50	0 96
Intendant général inspecteur.	0 40	0 50	0 70	1 15
Intendant militaire inspecteur. / Médecin et pharmacien inspect^r.	0 35	0 40	0 50	0 96
Aumônier en chef. / Colonel, lieutenant-colonel, chef de bataillon ou d'escadron. / Sous-intendant militaire et adjoint de 1re classe. / Médecin et pharmacien principal. / Médecin-major et pharmacien-major de 1re classe. / Officier d'administrat. principal. / Vétérinaire principal.	0 26 5	0 31 5	0 44	0 77
Tout autre officier, fonctionnaire ou employé militaire.	0 20	0 25	0 35	0 64
Aide de camp du Ministre de la guerre ou officier de son état-major.	0 35	0 40	0 50	0 96

(En mission extraordinaire spéciale. (Article 156.))

TABLEAU des assimilations de grades des fonctionnaires et employés de la guerre et de la marine, pour le droit à l'indemnité de route.

1re PARTIE. — GUERRE.

DÉSIGNATION.	GRADE sur lequel est réglée l'allocation.
1° FONCTIONNAIRES ET EMPLOYÉS MILITAIRES TRAITÉS COMME OFFICIERS.	
INTENDANCE MILITAIRE. — Sous-intendant militaire de 1re classe. . .	Colonel.
Sous-intendant militaire de 2e classe. . . .	Lieutenant-colonel.
Adjoint de 1re classe..	Chef de bataillon.
Adjoint de 2e classe.	Capitaine,
SERVICE DE SANTÉ. — Médecin ou pharmacien principal de 1re cl.	Colonel.
Idem, id. principal de 2e cl.	Lieutenant-colonel.
Idem, id. major de 1re classe.	Chef de bataillon.
Idem, id. major de 2e classe.	Capitaine.
Idem, id. aide-major de 1re ou 2e cl.	Lieutenant ou sous-lieut.
Médecin ou chirurgien civil requis.	Capitaine.
SERVICES ADMINISTRATIFS. — Officier d'administration principal.	Chef de bataillon.
Officier d'administration de 1re ou 2e classe.	Capitaine.
Adjudant d'administration de 1re ou 2e cl. (1)	Lieutenant ou sous-lieut.
SERVICE VÉTÉRINAIRE. — Vétérinaire principal..	Chef de bataillon.
Vétérinaire de 1re ou 2e classe..	Capitaine.
Aide-vétérinaire de 1re ou 2e classe. . . .	Lieutenant ou sous-lieut.
ARTILLERIE, GÉNIE, TRAIN DES ÉQUIPAGES MILITAIRES. — Professeur de sciences appliquées ou de dessin..	} Capitaine.
Professeur de grammaire et d'écriture. . .	
Répétiteur de sciences appliquées.	} Lieutenant ou sous-lieutenant.
Garde principal.	
Garde de 1re ou de 2e classe..	
Contrôleur principal d'armes..	
Contrôleur d'armes	
Chef et sous-chef ouvrier d'état.	
AUMÔNIERS. — Aumônier supérieur aux armées.	Chef de bataillon.
Attaché aux places de guerre, garnison et hôpitaux..	} Capitaine.
ÉCOLE MILITAIRE DE SAINT-CYR. — Répétiteurs, ...	Lieutenant.
PARQUETS MILITAIRES (2). — Commissaire du Gouvernement.	} ″
Rapporteur.	
Greffier.	
Greffiers de toutes classes non militaires ou non retraités comme tels.	} Lieutenant.
ATELIERS, PÉNITENCIERS. — Officiers d'administration de la 5e section.	} Comme pour les services administratifs.
INTERPRÈTES. — Interprète principal.	Chef de bataillon.
Interprète de 1re ou de 2e classe..	Capitaine.
Interprète de 3e classe ou auxiliaire. . . .	Lieutenant ou sous-lieut.
CORPS DE TROUPE. — Chef de musique.	Sous-lieutenant.

(1) Les adjudants auxiliaires sont traités sur le même pied.
(2) S'ils sont officiers en activité ou en réforme, ils reçoivent l'indemnité de leur grade, et s'ils sont en retraite, ils reçoivent l'indemnité du grade sur lequel est basée la pension.

DÉSIGNATION.	GRADE sur lequel est réglée l'allocation.
TÉLÉGRAPHIE MILITAIRE (1). Directeur de la télégraphie. . . . . Chef de service.	Officier supérieur.
Chef de section. . . . . Chef de poste.	Officier inférieur.

2° EMPLOYÉS MILITAIRES, GAGISTES, FEMMES ET ENFANTS, TRAITÉS COMME

SOUS-OFFICIERS OU SOLDATS.

DÉSIGNATION.	GRADE sur lequel est réglée l'allocation.
CORPS DE TROUPE. Sous-chef de musique.	Adjudant.
Musicien de 1re classe.	Sergent-major.
Id. de 2e classe.	Sergent.
Id. de 3e ou 4e classe.	Soldat.
Blanchisseuse-vivandière. . . . . Enfant de troupe.	Soldat.
ÉTAT-MAJOR DES PLACES DE GUERRE. Portier-consigne de 1re classe.	Adjudant.
Id. de 2e classe.	Sergent-major.
Id. de 3e classe.	Sergent.
Batelier aide-portier.	Soldat.
ARTILLERIE, GÉNIE, TRAIN DES ÉQUIPAGES MILITAIRES. Ouvrier d'état. . . . . Chef armurier de 1re classe.	Adjudant.
Chef artificier. . . . . Chef armurier de 2e classe.	Sergent-major.
Gardiens de batterie (2)	Sergent-major.
Sous-chef artificier. . . . . Maître charpentier, forgeron, etc. . . . . . Portier	Sergent.
Artificier ouvrier ou apprenti aide-portier.	Soldat.
TRIBUNAUX MILITAIRES. Commis-greffier.	Adjudant.
Huissier.	Sergent.
ÉTABLISSEMENTS PÉNITENTIAIRES. Adjudant surveillant. . . . . Id. greffier.	Adjudant.
Surveillant-portier. . . . . Id. de 1re classe. . . . . Sergent-major employé aux écritures. . . .	Sergent-major.
Fourrier aux écritures. . . . . Surveillant de 2e classe.	Sergent.
PRISONS MILITAIRES. Agent principal. . . . . Greffier.	Adjudant.
Premier surveillant.	Sergent-major.
Surveillant-fourrier. . . . . Surveillant. . . . . Concierge et guichetier.	Sergent.
BATIMENTS MILITAIRES. Caserniers (3)	Sergent.
TÉLÉGRAPHIE MILITAIRE (1). Télégraphiste.	Sergent.
Ouvrier.	Caporal.

(1) Décision présidentielle du 15 octobre 1875.
(2) Circulaire du 14 mai 1868.
(3) Les caserniers n'ont droit à l'indemnité de route que lorsqu'ils voyagent pour le service.

II° PARTIE. — MARINE.

DÉSIGNATION.	GRADE sur lequel est réglée l'allocation.
1° OFFICIERS DE VAISSEAU ET FONCTIONNAIRES TRAITÉS COMME OFFICIERS.	
OFFICIERS DE VAISSEAU. Capitaine de vaisseau..	Colonel.
Capitaine de frégate.	Lieutenant-colonel.
Lieutenant de vaisseau.	Capitaine.
Enseigne de vaisseau	Lieutenant.
Aspirant de 1re et de 2e classe.	Sous-lieutenant.
GÉNIE MARITIME. Ingénieur de 1re classe.	Colonel.
Ingénieur de 2e classe.	Lieutenant-colonel.
Sous-ingénieur de 1re et de 2e classe.	Capitaine.
Sous-ingénieur de 3e classe.	Lieutenant.
Elève ingénieur.	Sous-lieutenant.
HYDROGRAPHIE. Professeur de 1re classe.	Lieutenant-colonel.
Professeur de 2e classe.	Capitaine.
Professeur de 3e classe.	Lieutenant.
Professeur de dessin.	
COMMISSARIAT. Commissaire.	Colonel.
Commissaire-adjoint.	Chef de bataillon.
Sous-commissaire.	Capitaine.
Aide-commissaire.	Lieutenant.
Elève commissaire.	Sous-lieutenant.
INSPECTION DES SERVICES ADMINISTRATIFS. Inspecteur.	Colonel.
Inspecteur adjoint.	Chef de bataillon.
SERVICE DE SANTÉ. Médecin ou pharmacien en chef.	Colonel.
Idem, id. principal.	Chef de bataillon.
Idem, id. professeur.	
Idem, id. de 1re classe.	Capitaine.
Idem, id. de 2e classe.	Lieutenant.
Aide-médecin ou aide-pharmacien.	Sous-lieutenant.
AUMÔNERIE. Aumônier supérieur.	Chef de bataillon.
Aumônier de 1re et de 2e classe	Capitaine.
PONTS ET CHAUSSÉES. Ingénieur en chef.	Colonel.
Ingénieur ordinaire.	Capitaine.
MATÉRIEL, DIRECTION DES TRAVAUX. Agent principal.	Chef de bataillon.
Agent.	Capitaine.
Sous-agent.	Lieutenant.
Commis et écrivain.	Sous-lieutenant.
MANUTENTIONS. Chef de manutention principal.	Chef de bataillon.
Chef de manutention.	Capitaine.
Sous-chef de manutention.	Lieutenant.

DÉSIGNATION.			GRADE sur lequel est réglée l'allocation.
MÉCANICIENS.	Mécanicien en chef.		Chef de bataillon.
	Idem, principal de 1re classe.		Capitaine.
	Idem, principal de 2e classe.		Lieutenant,
	Premier maître mécanicien		Sous-lieutenant.
	Maître mécanicien.		
COMMIS AUX ÉCRITURES.	Commis aux écritures de 1re classe.		Capitaine.
	Idem, de 2e et de 3e classe.		Lieutenant.
	Idem, de 4e classe		Sous-lieutenant.
TRÉSORIERS DES INVALIDES.	Trésorier de 1re classe.		Chef de bataillon.
	Idem, de 2e classe.		Capitaine.
	Idem, de 3e et de 4e classe		Lieutenant.
BIBLIOTHÈQUE.	Conservateur		Capitaine.
TRIBUNAUX MARITIMES.	Commissaire-rapporteur. . . .	Brest, Rochefort, Toulon.	Colonel.
		Cherbourg, Lorient. . . .	Chef de bataillon.
	Greffier.	Brest, Rochefort, Toulon.	Capitaine.
		Cherbourg, Lorient. . . .	Sous-lieutenant.
OFFICIERS MARINIERS.	Premier maître-maître		Sous-lieutenant.
	Capitaine d'armes de 1re et de 2e classe. . .		
SERVICES DIVERS	Chef de musique des équipages.		Lieutenant.
	Maître principal des arsenaux.		
	Maître et contre-maître du service forestier et du service des charbonnages		
	Syndic des gens de mer.		
	Maître entretenu		
	Adjudant des chiourmes.		
	Chef de pilotage		
	Inspecteur des signaux		Sous-lieutenant.
	Chef guetteur des électro-sémaphores. . . .		
	Inspecteur des pêches.		
	Gardes maritimes.		
	Guetteurs des électro-sémaphores.		
	Sous-adjudant des chiourmes.		
	Gardien-major des arsenaux.		
	Garde-juré		

2° EMPLOYÉS OU AGENTS TRAITÉS COMME SOUS-OFFICIERS OU SOLDATS.

DÉSIGNATION.	GRADE sur lequel est réglée l'allocation.
SERVICES DIVERS. Capitaine d'armes de 3e classe.	Adjudant.
Contre-maître mécanicien.	
Idem, des professions maritimes . .	
Quartier-maître.	Sergent.
Fourrier.	
Aide-contre-maître	
Matelot, apprenti marin, mousse.	Soldat.
Ouvrier chauffeur.	
Ouvrier et apprenti des professions maritimes.	

MODÈLES.

PLACE d

• **TRIMESTRE**

18

Modèle R.
N° 115 de la Nomenclature.

(1) Indiquer (d'une manière lisible) les nom et prénoms du fonctionnaire de l'intendance militaire ou du suppléant.

° **CORPS D'ARMÉE.**

(1)

en résidence à

département d

MILITAIRES VOYAGEANT ISOLÉMENT.

Registre des Feuilles de route et des Mandats délivrés dans la Place d   aux Militaires voyageant isolément, pendant le trimestre 18   .

I. Le registre établi dans une résidence de sous-intendant est *trimestriel;* ceux tenus par les suppléants légaux dans les autres localités sont *mensuels.*

II. La série des numéros du présent registre ne peut être interrompue pendant toute la durée du trimestre. Le sous-intendant qui part, ou qui s'absente momentanément, doit signer son registre au jour du départ, et en faire immédiatement la remise au fonctionnaire qui le remplace ou qui le supplée, pour que ce dernier le continue.

III. Les fonctionnaires de l'intendance militaire et leurs suppléants légaux doivent adresser, le premier jour de chaque mois, pour le mois précédent, au sous-intendant militaire chargé de centraliser le service au chef-lieu du département, leurs registres de route, préalablement visés par eux.

IV. Il n'est pas tenu un registre spécial pour la marine; les feuilles de route et les mandats délivrés à ces militaires sont inscrits, à la date de leur émission, sur le registre affecté à l'armée de terre.

V. Les registres de route sont conservés dans les archives du sous-intendant militaire du chef-lieu départemental.

MILITAIRES VOYAGEANT ISOLÉMENT.

N° 446 de la Nomenclature.

NOMS et PRÉNOMS des militaires.	GRADE.	ARME.	CORPS. — NUMÉROS			POSITION des MILITAIRES.	LIEU de		FEUILLES DE ROUTE				MANDATS.		NATURE des prestations accordées.	PARCOURS pour lesquels les mandats ont été délivrés		DISTANCE A FRANCHIR pour effectuer le parcours pour lequel les mandats ont été délivrés,			DÉLAIS DE ROUTE. — NOMBRE DE JOURS.	MONTANT DES MANDATS DE PAIEMENT délivrés pour					NOMBRE DE RATIONS de fourrages fournies aux chevaux des militaires isolés.	OBSERVAT.
			des régiments.	des bataillons ou escadrons.	des compagnies.		DÉPART.	DESTINATION.	délivrées dans la présente résidence.	délivrées hors la résidence.	DATES.	NOMS, QUALITÉS et résidences des signataires.	NUMÉRO d'enregistrement.	DATE de leur délivrance.		de	à (Indiquer le département)	sur les voies ferrées.	en diligences ou bateaux à vapeur.	Nombre d'étapes.		indemnité de transport — kilométrique.	fixe.	indemnité journalière et de séjour.	avances en route.	fourniture d'effets de petit équipement.		Un indiquera dans cette colonne le détail des mandats de contrôle par voiture suspendue ou non suspendue.
																kil.	kil.											

Clos, le   18   , à
et déposé aux archives de la sous-intendance militaire de cette place

L (1)

(1) Indiquer le grade du fonctionnaire de l'intendance militaire.

• CORPS D'ARMÉE.

PLACE D

N°
D'ENREGISTREMENT.

(1) Nom et prénoms.
(2) Grade et mutation.
(3) Nom et grade du fonctionnaire de l'intendance militaire ou de son suppléant.

SIGNATURE DU TITULAIRE
de la présente feuille
de route.

MODÈLE F¹.
N° 119 de la Nomenclature.

FEUILLE DE ROUTE
D'OFFICIER.

Régiment.
Bataillon ou escadron.
Compagnie ou batterie.

Route que tiendra M. (1)

(2)

partant d   le
pour se rendre à   canton d
département d

Cet officier aura droit au logement, et il lui a été remis pour ses parcours successifs,

SAVOIR :

NOMBRE de kilomètres, d'étapes, de journées de route ou de séjour.	Fixations.	DÉCOMPTE en deniers.

1° Sur les chemins de fer . . . . . { de   à
       de   à
2° Sur les routes ordinaires . . . . . . de   à
3° Pour   distances d'étapes franchies, de   à
4° Pour   séjours en route . . . .
5° Pour   journées de route donnant droit à l'indemnité journalière . . . .

Indemnité fixe de transport . . . .

SOMME A PAYER . . . .

Délivré par nous (3)   et mandaté
la somme de
A   le   18

ITINÉRAIRE A SUIVRE.

Sur les voies ferrées :
Sur les lignes d'étapes :

DÉTAIL DES VISA ET DES MANDATS DÉLIVRÉS.

FIXATION DE LA DATE D'ARRIVÉE A DESTINATION.

Date du départ.

	JOURNÉES passées en route.
	Nombre.
Délais de route. { Pour kil. à franchir sur les voies ferrées ou en diligence.	
{ Pour étapes et séjours.	
Délai de tolérance.	
TOTAL.	

Date de l'arrivée à destination.

Il n'est délivré de feuille de route qu'aux officiers en activité de service ou en non-activité, ainsi qu'aux officiers récemment rayés des contrôles et pour rentrer dans leurs foyers. Sous aucun prétexte, les femmes, les enfants et les domestiques des officiers ne peuvent obtenir des feuilles de route ; cependant, lorsque les officiers mariés voyagent avec leur femme ou leurs enfants, le sous-intendant peut mentionner cette particularité sur la feuille de route.

Les délais accordés pour le départ et pour l'accomplissement du trajet sont réglés comme il suit, à moins d'ordres contraires exprimés dans la lettre de service, et sous réserve des dispositions de l'article 32 du règlement :

Délai de tolérance, 4 jours pleins. { Les délais comptent à partir du lendemain du jour de la réception par le titulaire de sa lettre de service.

Délais de route, quel que soit le grade, 24 heures. . . . . { par 360 kilom. sur les voies ferrées. par 120 kilom. en diligence } sur les routes par distance d'étape { ordinaires.

La feuille de route prise au départ peut servir pour le retour sans nouveau visa ; cependant l'officier qui s'abstient de faire viser sa feuille de route pour le retour par le sous-intendant militaire, ou tout suppléant légal autre qu'un maire, s'expose à perdre le droit à l'indemnité de route, si par suite de cette abstention il a pris une fausse direction.

Quand il est à la connaissance d'un sous-intendant militaire ou d'un suppléant légal que le corps auquel appartient l'officier n'est plus dans la place indiquée par sa feuille de route, ce fonctionnaire modifie l'itinéraire en conséquence et accorde à l'officier un complément d'indemnité s'il y a lieu.

Dans aucun cas, les officiers isolés n'ont droit aux fournitures de convois.

« CORPS D'ARMÉE.

PLACE

N°
D'ENREGISTREMENT.

d

(1) Nom et prénoms.
(2) Grade et mutation.
(3) Nom et grade du fonctionnaire de l'intendance militaire ou de son suppléant.

SIGNATURE DU TITULAIRE
de la présente feuille
de route.

MODÈLE F 2.
N° 120 de la Nomenclature.

FEUILLE DE ROUTE
DE SOUS-OFFICIER ET SOLDAT.

Régiment.
Bataillon ou escadron.
Compagnie ou batterie.
Numéro au registre-matricule du **corps.**

Délivré au sieur (1)   âgé de
ans, taille d'un mètre .   millimètres, cheveux
visage   , fils de   et de
né à   , canton d   département d
(2)
partant d   le
en passant par
pour se rendre à   canton d
département d   où il devra arriver le   18

Ce militaire aura droit au logement, et il lui a été remis pour ses parcours successifs,

SAVOIR :

NOMBRE de jours de délais.	NOMBRE de kilomètres d'étapes, de journées de route ou de séjour.	FIXATIONS.	DÉCOMPTE en deniers.

1° Sur les chemins de fer . . . . . { de   à
{ de   à
2° Sur les routes ordinaires . . . . . de   à
3° Pour distances d'étapes franchies, de   à
4° Pour   séjours en route . . . .
5° Pour   journées de route donnant droit à l'indemnité journalière . . . .

SOMME A PAYER . . . .

Délivré par nous (3)
la somme de

et mandaté

A   le   18   .

ITINÉRAIRE A SUIVRE.

Sur les voies ferrées :
Sur les lignes d'étapes :

DÉTAIL DES VISA ET DES MANDATS DÉLIVRÉS.

INSTRUCTIONS.

Dispositions administratives. — Les militaires et les employés qui ont droit à la réduction sur le prix des places en chemins de fer recevront seuls des feuilles de route. Le militaire, quel que soit son grade, qui voyage sans feuille de route, ne peut prétendre à aucune allocation. Le sauf-conduit délivré par un maire ne peut servir que pour aller jusqu'à la première résidence de sous-intendant sur la route à parcourir.

En principe, la feuille de route prise au départ n'est valable que jusqu'à destination; cependant la même feuille peut servir pour le retour au moyen d'un *Vu bon pour rejoindre*.

En conséquence, avant de partir pour rejoindre son poste, tout militaire en mission, en congé limité ou en permission, doit faire apposer par le fonctionnaire de l'intendance de l'arrondissement où il réside, ou par le suppléant légal le plus rapproché autre qu'un maire, *un visa de départ* sur sa feuille de route primitive. Dans le cas où il négligerait cette formalité, il serait déchu du droit à l'indemnité de route qui pourrait lui être acquise, et de celle qui pourrait lui revenir, si, rentré à l'ancienne garnison, il devait rejoindre la nouvelle destination que le corps aurait reçue pendant son absence.

La feuille de route doit toujours être visée à l'arrivée par le sous-intendant militaire ou par son suppléant, et, à défaut, par le commandant de la brigade de gendarmerie; celui-ci l'envoie au sous-intendant du ressort, qui s'assure que le militaire est arrivé dans les délais, ou au commandant du dépôt de recrutement, si le militaire est libéré, soit définitivement, soit par anticipation.

Les militaires payent *quart de place* sur toutes les lignes du réseau des chemins de fer français; ils ne payent encore *demi-place* que sur le tronçon de Saint-Jean-de-Maurienne à Modane.

Dispositions pénales. — 1° Le militaire qui se présente ou qui est rencontré sans titres en bonne forme, ou hors de la direction de la route qu'il doit tenir, est conduit à l'autorité militaire, qui le fait escorter jusqu'à la station du chemin de fer ou jusqu'à l'étape la plus rapprochée. Cette disposition est applicable au militaire qui déclare n'avoir plus l'argent nécessaire pour continuer sa route.

L'autorité militaire peut renvoyer à leur corps par mesure disciplinaire, si elle le juge convenable, les militaires qui, allant en congé ou permission, se sont écartés de leur itinéraire et ceux qui n'ont plus d'argent pour continuer leur route.

2° Celui qui a perdu sa feuille de route en fait la déclaration à la mairie du premier gîte, en désignant la date, le lieu de la délivrance et le signataire. S'il exhibe des titres authentiques qui justifient la qualité qu'il a prise dans sa déclaration, le maire lui en donne acte, avec un *sauf-conduit* pour aller jusqu'à la résidence la plus rapprochée de sous-intendant ou de suppléant légal autre qu'un maire, où sa position est examinée conformément aux dispositions de l'art. 55 du Règlement.

3° Tout officier ou sous-officier de gendarmerie qui donne l'ordre de diriger sur un des corps de l'armée un individu quelconque, sans qu'il lui ait été délivré préalablement une feuille de route par un sous-intendant, *est personnellement responsable des suites de cette mesure.*

4° Tout militaire qui vend ses effets d'habillement ou de linge et chaussure, ou qui se dessaisit de sa feuille de route, est arrêté et livré aux tribunaux militaires.

5° Celui qui ne se comporte pas avec décence vis-à-vis de ses hôtes, ou qui exige d'eux autre chose que le lit qu'ils lui désignent et place au feu et à la chandelle, est sur-le-champ dénoncé aux autorités locales pour être arrêté et conduit de brigade en brigade.

6° Celui qui se permet le moindre dégât dans son logement ou dans tout autre lieu est arrêté et conduit comme il est dit ci-dessus, et il est privé, à son corps, de sa solde, autant de temps qu'il est nécessaire pour acquitter le montant du dégât par lui commis.

7° Les autorités civiles et militaires font arrêter tout homme porteur d'une feuille de route présentant des surcharges dans l'écriture ou altération quelconque, ainsi que le porteur d'une feuille de route qui n'a pas été expédiée sous ses nom et signalement; elles le font conduire, de brigade en brigade, à l'autorité militaire, qui prend ou fais prendre par le général commandant une décision à son égard.

8° Tout militaire qui n'arrive pas à destination dans les délais qui lui sont assignés par sa feuille de route est puni disciplinairement. Les remplaçants administratifs et les engagés volontaires après libération sont en outre privés de tout rappel des indemnités qui leur seraient dues.

ᵉ CORPS D'ARMÉE.

PLACE

d

N°
de l'enregistrement.

Signature du titulaire
du sauf-conduit.

(1) Désigner exactement le grade, la position du militaire, le congé ou le titre dont il est porteur, et son signalement, ainsi que le numéro, la date et le lieu de la délivrance de la feuille de route qu'il déclarerait avoir perdue.

(2) Indiquer le grade du fonctionnaire de l'intendance militaire.

(3 et 5) S'il y a lieu.

(4) Dans aucun cas, le secrétaire ou l'employé de la mairie n'a le droit de signer pour le maire ou pour son adjoint.

(6) De diligence, chemin de fer ou de voiture à collier.

MODÈLE F³.
N° 121 de la Nomenclature.

Art. 47 du Règlement.

SAUF-CONDUIT.

RÉGIMENT d
BATAILLON *ou* ESCADRON
COMPAGNIE.

N°   du Registre-matricule du corps.

Chemin que tiendra le Sʳ   âgé de
ans, taille d'un mètre   millimètres, front
yeux   nez   bouche   menton   cheveux   sourcils   visage   fils de   et
de   né à   département de
(1)
partant de   pour se rendre à
              lieu de la résidence du
Ce militaire aura droit pendant sa route au logement, sauf rappel par le (2)   de ce qui
pourrait lui être dû à titre d'indemnité.
   Il lui a été remis (3) un ordre de convois (6)
         pour aller jusqu'à
Délivré par nous   Maire (4), à
         le

DATES DES JOURS où LE MILITAIRE doit arriver.	NOMS DES GITES.	ARRIVÉE EFFECTIVE DU MILITAIRE aux lieux de passage.	DÉTAIL DES ORDRES DE FOURNITURES DE CONVOIS par terre ou par eau délivrés par le maire de chaque gîte (5).
Le	A	Arrivé à le	
Le	A	Arrivé à le	
Le	A	Arrivé à le	

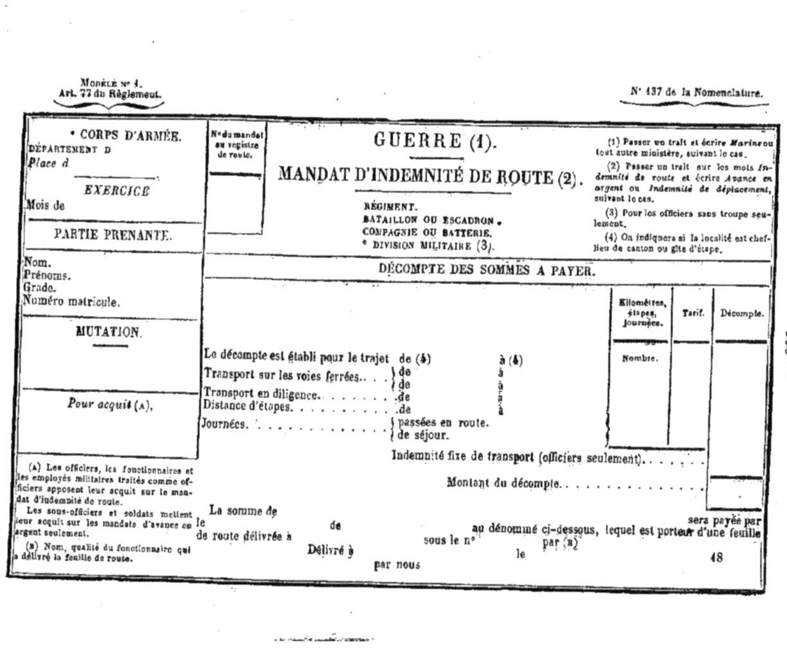

| • CORPS D'ARMÉE.
DÉPARTEMENT D
Place d

EXERCICE
Mois de | N° du mandat au registre de route. | GUERRE (1).

MANDAT D'INDEMNITÉ DE ROUTE (2).

RÉGIMENT.
BATAILLON OU ESCADRON.
COMPAGNIE OU BATTERIE.
• DIVISION MILITAIRE (3). | (1) Passer un trait et écrire *Marine* ou tout autre ministère, suivant le cas.

(2) Passer un trait sur les mots *Indemnité de route* et écrire *Avance en argent* ou *Indemnité de déplacement*, suivant le cas.

(3) Pour les officiers sans troupe seulement.

(4) On indiquera si la localité est chef-lieu de canton ou gîte d'étape. |

PARTIE PRENANTE.

Nom.
Prénoms.
Grade.
Numéro matricule.

MUTATION.

Pour acquit (A),

(A) Les officiers, les fonctionnaires et les employés militaires traités comme officiers apposent leur acquit sur le mandat d'indemnité de route.

Les sous-officiers et soldats mettent leur acquit sur les mandats d'avance en argent seulement.

(B) Nom, qualité du fonctionnaire qui a délivré la feuille de route.

DÉCOMPTE DES SOMMES A PAYER.

	Kilomètres, étapes, journées.	Tarif.	Décompte.
	Nombre.		
Le décompte est établi pour le trajet de (4) à (4)			
Transport sur les voies ferrées.. } de à			
Transport en diligence. . . . . . . .de à			
Distance d'étapes. . . . . .de à			
Journées. . . . . { passées en route. { de séjour.			
Indemnité fixe de transport (officiers seulement).			
Montant du décompte.			

La somme de
de route délivrée à   de   au dénommé ci-dessous, lequel est porteur d'une feuille
sous le n°   par (B)   sera payée par

Délivré à   le

par nous   48

Modèle N° 2.
Art. 77 du Règlement.

ORDRE DE FOURNITURE
D'EFFETS DE PETIT ÉQUIPEMENT.

Exercice 48

• CORPS D'ARMÉE.

DÉPARTEMENT

d

PLACE d

Désigner le corps. {

NOM ET PRÉNOMS.	GRADE OU EMPLOI.	NUMÉROS du bataillon ou escadron.	de la compagnie.	NATURE ET PRIX DES EFFETS À DÉLIVRER.	MONTANT de LA FOURNITURE.
				fr. c.	fr. c.
				paire de souliers, b.. paire de guêtres, à.. chemise , à	

Pour renseignement. } Ce militaire, parti de délivrée à — pour se rendre à , sous le n° , par (4) — est porteur d'une feuille de route

Reçu la fourniture (3) — La fourniture sera faite par (2) — sur le récépissé de la partie prenante (3).

N° d'inscription au registre de route.

MANDAT pour le paiement de } à titre d'avance
la susdite fourniture faite. . {

* Dans le cas où la fourniture est faite au compte de l'État, l'indiquer ci-contre et passer un trait sur les mots : à titre d'avance.

La somme de — sera payée par le (4) — de ce lieu, au distributeur désigné dans l'ordre ci-dessus, pour prix de la fourniture qu'il aura faite en vertu dudit ordre.

POUR ACQUIT du prix de la fourniture :

Délivré à — , le — 48

Le Sous-Intendant militaire,

(1) Le sous-intendant militaire relate le nom et la qualité du signataire de la feuille de route.
(2) Il indique le nom et la qualité du distributeur.
(3) Il doit prévenir le militaire auquel il délivre un ordre de fourniture qu'il aura à donner son reçu au distributeur. S'il déclare qu'il ne sait signer, ces trois mots sont inscrits par le sous-intendant, au-dessous de ceux : reçu la fourniture, et ils tiennent lieu de récépissé. (Art. 88 du Règlement.)
(4) Payeur, Receveur ou Percepteur.

INDEMNITÉ DE ROUTE.

DÉPARTEMENT

d

PLACE

d

Désigner { le corps.

Détachement voyageant sous le commandement de (1)
parti de   pour aller à   en vertu
.d'une feuille de route délivrée le   18   , sous le n°   à
par M. (2)

ÉTAT nominatif des militaires composant ledit détachement et décompte des sommes dues pour le trajet de   à

Distances. . . { sur les voies ferrées . . . .   kilomètres.
           { sur les lignes d'étapes . . . .   distances d'étapes.

Journées de { route. . . . .   nombre.
            { séjour . . . .   idem.

NOMS ET PRÉNOMS.	GRADES.	BATAILLON.	COMPAGNIE.	N° à la matricule.	DÉCOMPTE DES SOMMES A PAYER				OBSERVATIONS.
					Sur les voies ferrées.	Sur les lignes d'étapes.	Pour journées de route et de séjour.	TOTAL.	
						Total du décompte.			

Certifié le présent état quant à l'effectif et aux mutations.

A   le   18

Le Chef du détachement.

Vu et arrêté à la somme de   dont la répartition
sera faite entre les militaires susdénommés, conformément au présent état.

A   le   18

Le (1)

MANDAT.
  La somme de   sera payée
  par le (2)   de ce lieu, au chef de détachement dénommé d'autre
  part, sur son acquit.

  Délivré à   le   18
  par nous (4)

Pour acquit :

Le Chef de détachement.

INDEMNITÉ DE ROUTE.

PLACE d

Les jeunes soldats doivent être inscrits d'avance, sur les deux expéditions du présent état, d'après la liste de mise en activité, et suivant la composition présumée des détachements (pour faciliter l'établissement de la récapitulation), sauf à biffer les noms de ceux qui ne se présenteraient pas à la revue.

État pour servir au paiement de l'indemnité de route des jeunes soldats de la classe de 18. , appelés à l'activité par du 18 , et convoqués au chef-lieu du département, afin d'y être passés en revue, avant leur départ pour le corps où ils doivent être immatriculés.

JOUR. . . . . { de la revue. . . . . le
{ du départ des détachements, le

NUMÉROS D'INSCRIPTION sur la liste de mise en activité.	NOMS DES JEUNES SOLDATS. (1)	CORPS sur lesquels ils sont dirigés. (2)	LIEUX D'OÙ ILS SONT PARTIS pour se rendre à la revue.		DÉCOMPTE.					OBSERVATIONS.
					DISTANCES à franchir		JOURNÉES de route et de séjour.	SOMMES A PAYER aux hommes		
			Communes.	Cantons.	sur les voies ferrées. Kilom.	sur les lignes d'étapes. Nombre.	Nombre.	composant les détachements.	se rendant isolément au corps ou renvoyés dans leurs foyers.	
			TOTAUX.							
			ENSEMBLE.							

— 140 —

Certifié le présent état, quant à l'effectif et aux mutations.

A   , le   18   .

Le Commandant du dépôt de recrutement,

Vu et arrêté à la somme de   dont la répartition sera faite entre les
militaires susdénommés, conformément au présent état.

A   , le   18   .

Le Sous-Intendant militaire,

N°   d'inscription
au registre de route.
————

                    ⎧ La somme de
MANDAT. . . . . ⎨ payée par M. le payeur de ce lieu, à M   formant le montant du présent décompte, sera
                    ⎩ sur son acquit.   , commandant du dépôt de recrutement,
                        Délivré à   , le   18   .

Le Sous-Intendant militaire,

POUR ACQUIT :

————

(1) S'il se trouve plusieurs hommes du même nom, indiquer leurs prénoms.
(2) La désignation du *corps* est portée sur les deux expéditions.

RECAPITULATION POUR LES DÉTACHEMENTS.

NOMS DES COMMANDANTS des détachements.	DÉSIGNATION DES CORPS SUR LESQUELS les jeunes soldats sont dirigés.	NOMBRE D'HOMMES par détachement.	SOMME AFFÉRENTE à chaque détachement.	ÉMARGEMENTS DES COMMANDANTS des détachements pour déclaration des paiements faits aux hommes qui les composent.	OBSERVATIONS.
	TOTAL.				

Je déclare que la somme de   a été comptée, soit par moi,
soit en ma présence, par les Commandants des détachements, aux jeunes soldats composant ces détachements, et que
j'ai payé personnellement celles de   aux hommes qui doivent
rejoindre isolément leur corps ou rentrent dans leurs foyers sans destination active.

A   , le   18 .

Le Commandant du Dépôt de recrutement,

MODÈLE N° 4 *bis.*

Modèle n° **4** *bis.*
Art. 84 du Règlement.

INDEMNITÉ DE ROUTE.

N° 440 *bis* de la Nomenclature.

DÉPARTEMENT
d

DÉPOT D'INSTRUCTION D

CORPS INSTRUCTEUR

EXERCICE 48 .

CLASSE DE 48 .

(1) Convoqués au dépôt d'instruction, ou rentrant dans leurs foyers à leur sortie du dépôt d'instruction.

(2) On inscrira le mot DÉPART lorsque l'état devra servir pour l'arrivée des jeunes soldats au dépôt, et le mot DESTINATION lorsqu'il servira pour le renvoi dans leurs foyers.

ÉTAT pour servir au paiement de l'indemnité de route des jeunes soldats de la Classe 18 . *(2ᵉ portion du contingent).* (1)

| Numéros d'inscription sur la liste du contingent. | NOMS ET PRÉNOMS des jeunes soldats. | LIEUX DE (2) | | | DÉCOMPTE | | | | OBSERVATIONS. |
		Communes.	Cantons.	Départements	DISTANCES. sur les voies ferrées.	sur les lignes d'étapes.	Journées de route.	Sommes à payer.	
				TOTAUX. . .					

— 114 —

Certifié le présent état quant à l'effectif et aux mutations.

A le 18 .

Le (1)

Vu et arrêté à la somme de   dont la répartition
sera faite entre les jeunes soldats susdénommés conformément au présent état.

A le 18 .

Le (2)

MANDAT. { La somme de
           formant le montant du présent décompte, sera payée par le (3)
           de ce lieu, à M. (4)
                          Délivré à   le   18 .
                                        Le (2)

Pour Acquit :

Je certifie que le Trésorier a compté, en ma présence, aux jeunes soldats susdénommés
la somme qui y est désignée comme revenant à chacun d'eux.

A le 18 .

Le (4)

INDEMNITÉ DE ROUTE.

N° 441 de la Nomenclature.

Art. 72 et 82 du Règlement.

EXERCICE 18

• CORPS D'ARMÉE.

Désigner } le corps.

LIBÉRATION.

DÉPARTEMENT

d

PLACE d

NOTA. Dans le cas prévu par l'art. 75 du Règlement, on inscrira dans la colonne d'observations la date de l'autorisation de l'intendant militaire.

État pour servir au paiement de l'indemnité de route des sous-officiers et soldats dudit corps retournant dans leurs foyers par suite de libération ou en vertu de congés illimités.

NOMS ET GRADES.	NUMÉROS			LOCALITÉS OU SE RENDENT LES MILITAIRES (1)			DÉCOMPTE.				OBSERVATIONS.
	du bataillon ou escadron.	de la compagnie ou batterie.	à la matricule.	Communes.	Cantons.	Départements.	Distances sur les voies ferrées. Kilom.	sur les lignes d'étapes Nombre.	Journées de route. Nombre.	Sommes à payer.	

Certifié le présent état, quant à l'effectif et aux mutations,

A , le 18 .

Le Conseil d'administration,

Vu et arrêté à la somme de , dont la répartition sera
faite entre les militaires sus-dénommés, conformément au présent état.

A , le 18 .

Le Sous-Intendant militaire,

N° d'inscription au registre
de route.

___

MANDAT.

La somme de formant le montant de l'état ci-dessus,
sera payée par le (2) de ce lieu, au trésorier du corps,
sur son acquit.

Délivré à , le 18 .

Le Sous-Intendant militaire,

(3) Je certifie que le trésorier a compté, en ma présence, aux sous-officiers et soldats dénommés
dans l'état ci-dessus, la somme qui y est désignée comme revenant à chacun d'eux.

A , le 18 .

___

(1) Lorsqu'un militaire sera autorisé à se rendre dans un lieu autre que celui de son dernier domicile, on inscrira en regard de son nom, dans la colonne d'observations, le lieu de son dernier domicile, son chef-lieu de canton et son département.
(2) Payeur, receveur ou percepteur.
(3) Ce certificat est donné par le major (ou par le commandant, dans les corps où il n'existe pas de major). Il n'est souscrit par lui que sur l'expédition de l'état dont la remise doit être faite au sous-intendant militaire après que les hommes ont été payés.

FOURNITURES
D'EFFETS DE PETIT ÉQUIPEMENT.

N° 442 de la Nomenclature.

EXERCICE 48

Désigner . . . le corps. . . . .
le bataillon ou escadron.
la compagnie. .

Si le détachement se compose
d'hommes de différents escadrons
ou compagnies, ils seront inscrits
dans l'état sous un titre distinct
pour chaque escadron ou compagnie.

DÉTACHEMENT ALLANT REJOINDRE,
OU DANS TOUTE AUTRE POSITION OU IL NE PEUT RECEVOIR D'EFFETS DU CORPS.

ÉTAT NOMINATIF des hommes dudit détachement auxquels des Effets de petit équipement sont nécessaires pour se rendre à destination désignée dans la feuille de route délivrée le 48 , sous le n°

par (A)

NUMÉRO à la matricule	NOMS ET PRÉNOMS.	GRADES.	DÉSIGNATION DES EFFETS.			NUMÉRO à la matricule	NOMS ET PRÉNOMS.	GRADES.	DÉSIGNATION DES EFFETS.		
			PAIRES DE		Chemises				PAIRES DE		Chemises
			souliers.	guêtres.					souliers.	guêtres.	
	A reporter. . .							Totaux.			

(1) Le commandant du détachement inscrit son nom et son grade.

CERTIFIÉ par nous (4)

(2) En toutes lettres.

le présent État, s'élevant aux quantités de (2)

pour être distribués aux hommes y dénommés.

A   le   48

(3) Indiquer le nom et la qualité du distributeur.

VÉRIFIÉ par nous, Sous-Intendant militaire soussigné, le présent Etat, d'après lequel il sera délivré par (3)
sur le récépissé du Commandant du détachement,

ORDRE
de fourniture.

SAVOIR :

		MONTANT DE LA FOURNITURE.
paires de souliers, à	. . . .	
paires de guêtres, à	. . . .	
chemises, à	. . . .	
TOTAL (Somme imputable aux hommes)..		

Reçu la fourniture :

N°   d'inscription au registre de route.

La somme de   sera payée par

MANDAT pour paiement de la susdite fourniture, faite à titre d'avance. . . . .

le { Payeur..... / Receveur... / Percepteur. } (4) de ce lieu, au Distributeur dénommé dans l'ordre ci-dessus, pour prix de la fourniture
qu'il aura faite en vertu dudit ordre, sur le récépissé du Commandant du détachement.

(4) Passer un trait sur les deux mots dont il n'y a pas à faire usage.

DÉLIVRÉ à   le   18 .

L   (5)

(5) Indiquer le grade du fonctionnaire de l'Intendance militaire

POUR ACQUIT :

SERVICE DES FRAIS DE ROUTE.

DÉPENSES DU MINISTÈRE D

MOIS

d 48

ÉTAT de remboursement des mandats payés pour indemnité de route, avances en argent et fournitures d'effets de petit équipement, dans le département de la Seine, pendant le mois d

LIEUX OU LES PAIEMENTS ont été effectués et dates des mandats (1).	NOMBRE DE MANDATS POUR			MONTANT DES PAIEMENTS POUR			OBSERVATIONS.
	indemnité de route.	avances en argent ou en effets.	effets au compte de l'État.	indemnité de route.	avances en argent ou en effets.	effets au compte de l'État.	
Versailles							
29 mars.							
31 —							
1er avril.							
2 —							
3 —							
28 —							
29 —							
St-Germain-en-Laye (2) (3)							
Rambouillet							
Mantes.							
Pontoise.							
Étampes.							
Corbeil.							
Totaux.							
Ensemble.							

Certifié, par le payeur soussigné, le présent état de remboursement, s'élevant à la somme
de   , laquelle forme le montant des mandats qui y sont annexés au nombre
de
              A   le   18   .

Vérifié par nous, Sous-Intendant militaire, le présent état de remboursement s'élevant à la somme de. . .
laquelle forme le montant des
mandats que nous remet M. le Payeur, et dont il convient de déduire, pour cause des rejets opérés par
M. l'intendant du   ᵉ corps d'armée, sur l'état du mois d
                    dernier, d'après les les motifs ci-après :

Reste à ordonnancer. . . . .

Nous délivrons, en conséquence, à M. le Payeur, à titre de remboursement des dépenses qu'il a faites pendant le mois
d   18   , au compte du département de la guerre, pour indemnités de route, avances et fournitures d'effets aux
militaires isolés, un mandat de la somme de
sous le nᵒ   , imputable sur le crédit de   qui nous a été délégué par M. l'Intendant le
                    dernier nᵒ
              A   le   18   .

<hr>

(1) Les inscriptions sont faites par ordre de date des mandats. Tous ceux de la même date, après avoir été totalisés forment un seul et même
article. — Les mandats composant chaque article doivent être classés dans l'ordre des numéros d'inscription au registre de route.
(2) Faire un total pour tous les mandats payés au chef-lieu du département.
(3) Les mandats payés par les receveurs et percepteurs sont totalisés et inscrits, pour chaque localité, en un seul article.

Modèle n° 8.
Art. 96 du Règlement.

N° 443 de la Nomenclature.

• CORPS D'ARMÉE.

DEPARTEMENT
d

Mois d   18 .

Bordereau des Mandats payés pour indemnité de route, avances en argent et fournitures d'effets de petit équipement, dans le département d pendant le mois d   18

CORPS D'ARMÉE OU CORPS DE TROUPE auxquels appartiennent les titulaires des mandats et autres parties prenantes.	NOMBRE DE MANDATS pour			MONTANT DES PAIEMENTS pour			ANNOTATIONS.
	Indemnité de route.	Avances en argent ou en effets.	Effets au compte de l'État.	Indemnité de route.	Avances en argent ou en effets.	Effets au compte de l'État.	
Iʳᵉ SECTION. *Officiers sans troupe et employés militaires.*							
3ᵉ corps d'armée.							
8ᵉ idem.							
14ᵒ idem.							
Totaux. . .							
IIᵉ SECTION. *Officiers des corps de troupe, sous-officiers et soldats.*							
14ᵉ régiment d'infanterie de ligne.							
32ᵉ idem							
50ᵉ idem..							
3ᵉ régiment de dragons.							
4ᵉ régiment de hussards.							
École de médecine et de pharmacie militaires du Val-de-Grâce. . .							
Pénitencier militaire de							
Atelier de condamnés de							
Totaux. . .							
IIIᵉ SECTION. Jeunes soldats (recrues). *Avant leur départ pour le corps sur lequel ils doivent être dirigés.*							

CORPS D'ARMÉE OU CORPS DE TROUPE auxquels appartiennent les titulaires des mandats et autres parties prenantes.	NOMBRE DE MANDATS pour			MONTANT DES PAIEMENTS pour			ANNOTATIONS.
	Indemnité de route.	Avances en argent ou en effets.	Effets au compte de l'État.	Indemnité de route.	Avances en argent ou en effets.	Effets au compte de l'État.	
IV° SECTION.							
Sous-officiers et soldats de la réserve							
Garde municipale de la ville de Paris.							
Officiers de santé des hospices civils.							
Veuves et orphelins							
TOTAUX. . .							
V° SECTION.							
Déserteurs condamnés.							
Déserteurs rayés des contrôles comme graciés, réformés ou libérés.							
Individus arrêtés comme déserteurs, relaxés.							
Sous-officiers et soldats détenus temporairement par suite de condamnation.							
TOTAUX. . .							
VI° SECTION.							
Prisonniers de guerre.							
Espagnols.							
Russes.							
TOTAUX. . .							
RÉCAPITULATION.							
1re section.							
2° *idem*.							
3° *idem*.							
4° *idem*.							
5° *idem*.							
6° *idem*.							
TOTAUX. . .							
ENSEMBLE. . .							

Arrêté par nous, Sous-Intendant militaire, le présent bordereau, à la somme totale de formant le montant des (1)　　　mandats que nous a remis M. le payeur à l'appui de son état de remboursement, et qui sont annexés aux relevés sommaires établis par nous pour chacune des sections auxquelles appartiennent respectivement les parties prenantes.

　　　　A　　　　le　　　　18

(1) Indiquer en chiffres le nombre des mandats.

Modèle n° 9.
Art. 96 du Règlement.

N° 144 de la Nomenclature.

° CORPS D'ARMÉE.

DÉPARTEMENT
d

(1)

° SECTION.

Mois d
18 .

Il est fait un enregistrement et un total distincts : 1° pour l'indemnité de route ; 2° pour les avances en argent ou en effets ; 3° pour les effets au compte de l'État (5e et 6e section).

Relevé sommaire des mandats payés pour indemnité de route, avances en argent et fournitures d'effets de petit équipement, dans le département d   pendant le mois d   18 .

NUMÉRO des MANDATS.	MONTANT de chaque MANDAT.	OBSERVATIONS.	NUMÉRO des MANDATS.	MONTANT de chaque MANDAT.	OBSERVATIONS.
INDEMNITÉ DE ROUTE.					
37	5f 00c				
40	4 00				
59	6 00				
60	48 00				
61	7 50				
63	5 00				
74	4 00				
77	6 25				
TOTAL . .	55 75				
AVANCES EN ARGENT OU EN EFFETS.					
42	5f 40c				
51	4 10	Rejeté faute d'acquit.			
80	5 00				
TOTAL . .	14 50				

(1)

1re et 2e section. . . { Désigner le corps des titulaires des mandats, ou le corps d'armée auquel ils appartiennent, s'ils sont officiers sans troupe ou employés militaires.

3e section. . . . . . | Recrues.

4e, 5e et 6e section.. { Ne mettre dans l'accolade que le numéro de la section, et inscrire, dans le tableau, les mandats sous le titre distinct de la catégorie ou de la puissance à laquelle appartiennent les titulaires.

NUMÉRO des MANDATS.	MONTANT de chaque MANDAT.	OBSERVATIONS.	NUMÉRO des MANDATS.	MONTANT de chaque MANDAT.	OBSERVATIONS.

RÉCAPITULATION.

	NOMBRE de mandats.	MONTANT des mandats.
Paiements effectués pour... (indemnité de route..	8	55^f 75^c
avances en argent ou en effets.....	3	14 50
fournitures d'effets au compte de l'Etat..	»	»
Totaux.........	11	70 25 (4)

Arrêté le présent relevé sommaire à la somme de *soixante et dix francs vingt-cinq centimes*, formant le montant des onze mandats qui y sont annexés.

A   , le   18   .

Le Sous-Intendant militaire,

Le total ci-dessus est de . . . .   70^f 25^c
A déduire le mandat d'avance, n° 51. . . . . . .   4 10

Montant des onze mandats joints au présent Relevé. .   66 15

L'Intendant militaire,

(1) Les rejets que l'intendant militaire opère, dans ses vérifications mensuelles, sont mentionnés dans la colonne d'observations, et le montant en est déduit du total du présent relevé au moyen d'une annotation qu'il met au-dessous de l'arrêté du sous-intendant.

CORPS D'ARMÉE.

DÉPARTEMENT

d

Mois d

(1) { Vérification. (Art. 97 du Règlement.)
     { Rectification. (Art. 98 du Règlement.)

FEUILLE de (1)   *des mandats payés pour indemnité de route, avances en argent et fournitures d'effets de petit équipement, par le Payeur et les Receveurs et Percepteurs du département d   pendant le mois d   18'* .

NOMS DES PARTIES prenantes.	GRADES ou emplois.	CORPS de troupe ou CORPS D'ARMÉE auquel appartient la partie prenante.	NUMÉROS du bataillon ou escadron.	de la compagnie.	NUMÉROS des mandats.	OFFICIERS OU FONCTIONNAIRES DE QUI ÉMANENT LES MANDATS. Noms.	Grades ou emplois.	Résidences	MONTANT DES MANDATS au compte de l'État.	pour avances.	SOMMES dont L'ALLOCATION est refusée (2).	MOTIFS DE REJET. Observations.

(2) L'intendant militaire, après avoir porté dans cette colonne le chiffre de la somme dont il refuse l'allocation, indique, dans la dernière, à la charge de qui doit rester le paiement rejeté (du payeur ou du fonctionnaire signataire du mandat.)

A   le   18 .

L   *Intendant militaire* ,

— 126 —

MODÈLE N° 44.
Art. 108 du Règlement.

• CORPS D'ARMÉE.

PLACE D

BULLETIN *de rejet, extrait du Relevé sommaire des mandats payés pour indemnité de transport et de route, et pour avances en argent ou en effets de petit équipement, dans le département d* (• corps d'armée), *pendant le mois d*

• SECTION

Indiquer ci-contre au titre de quelle section (1re ou 2e), et de quel corps a été établi le relevé sommaire. . . . . . }

NOM ET PRÉNOMS.	GRADE ou EMPLOI.	NUMÉROS		CAUSE DE LA DÉLIVRANCE de la feuille de route.	MONTANT DU PAIEMENT EFFECTUÉ				RAPPORT FAIT AU MINISTRE Par l'Intendant auquel a été envoyé le présent bulletin.
		du bataillon ou escadron.	de la compagnie.		POUR INDEMNITÉ		POUR AVANCES		
					de transport	de route.	en argent.	en effets de petit équipement	

ANNOTATIONS.

A le 18

L'Intendant militaire du • corps d'armée.

A le 18
L'Intendant militaire du • corps d'armée.

— 127 —

Désigner {
le corps. }

* CORPS D'ARMÉE.

DÉPARTEMENT d

Mois de   48

ÉTAT de rejet de paiements effectués au titre dudit corps, pour indemnité de route et avances en argent ou en effets de petit équipement.

CORPS D'ARMÉE.	DÉPARTEMENT.	MOIS.	NOMS ET PRÉNOMS.	GRADES ou EMPLOIS.	NUMEROS		CAUSE OU MUTATION qui a motivé la délivrance d'une feuille de route.	MONTANT DES PAIEMENTS rejetés			MOTIFS DÉS REJETS. — OBSERVATIONS.
					du bataillon ou escadron.	de la compagnie.		pour indemnité de route.	pour avances		
									en argent.	en effets de petit équipement.	
								Totaux.			
								Ensemble.			

Vérifié :

Le Sous-Intendant militaire,

Arrêté le présent état de rejet à la somme de

A   le   L   48

d'administration

N° 147 de la Nomenclature.

MODÈLE N° 13.

Art. 444 du règlement.

• CORPS D'ARMÉE.

e TRIMESTRE 18

RÉSUMÉ GÉNÉRAL

Des paiements effectués dans le °corps d'armée pendant le trimestre 18 , pour indemnité journalière, indemnité de transport, avances en argent et fournitures d'effets de petit équipement aux militaires isolés.

Ire PARTIE.

RÉCAPITULATION DES BORDEREAUX MENSUELS ÉTABLIS PAR LES SOUS-INTENDANTS MILITAIRES DU CORPS D'ARMÉE.

DÉPARTEMENTS.	MOIS.	MONTANT DES PAIEMENTS ADMIS PAR L'INTENDANT MILITAIRE, après vérification des bordereaux mensuels				TOTAL des paiements admis.	Déduction résultant des rejets opérés par l'intendant divisionnaire.	TOTAL du bordereau mensuel.	OBSERVATIONS.
		1re et 2e section.		3e, 4e, 5e et 6e section.					
		Indemnité de route.	Avances en argent ou en effets de petit équipement.	Indemnité de route.	Effets de petit équipement au compte de l'État.				
TOTAUX. . .									

11ᵉ

Totalisation trimestrielle des paiements faits au titre de chaque corps d'armée
à la 1ʳᵉ et à

CORPS D'ARMÉE ET CORPS DE TROUPE désignés dans les bordereaux mensuels.	INDEMNITÉ DE ROUTE.									TOTAL par corps d'armée ou par corps de troupe.
	DÉPARTEMENTS OU LES PAIEMENTS ONT EU LIEU.									

PARTIE.

et de chaque corps de troupe, et portés à la la 1ʳᵉ partie dans la colonne affectée
la 2ᵉ section.

AVANCES.							TOTAL par corps d'armée ou par corps de troupe.	OBSERVATIONS.
DÉPARTEMENTS OU LES PAIEMENTS ONT EU LIEU.								

IIᵉ PARTIE.

Totalisation trimestrielle des paiements faits au titre des 3ᵉ, 4ᵉ, 5ᵉ et 6ᵉ sections, et portés à la Iʳᵉ partie dans les colonnes qui leur sont affectées.

Nᵒˢ des sections.	DÉPARTEMENTS où les paiements ont été effectués.	Nᵒˢ d'ordre des relevés sommaires.	INDEMNITÉ DE ROUTE.			FOURNITURE D'EFFETS au compte de l'Etat.			OBSERVATIONS.
			Mois.		Total	Mois.		Total.	
3ᵉ	TOTAUX.								
4ᵉ	TOTAUX.								
5ᵉ	TOTAUX.								
6ᵉ	TOTAUX.								

RÉCAPITULATION.

3ᵉ section.								
4ᵉ idem.								
5ᵉ idem.								
6ᵉ idem. :								
TOTAUX.								

Arrêté par nous, Intendant militaire du   ᵉ corps d'armée, le présent résumé général duquel il résulte que les paiements effectués dans ce corps d'armée, pendant le   trimestre 18   , se montent, savoir :

1ᵉ **A la charge de l'État,**

Pour indemnité de route. . . { 1ʳᵉ et 2ᵉ section . . . . } 3ᵉ, 4ᵉ, 5ᵉ et 6ᵉ section . . . . . . }

Pour fournitures d'effets de petit équipement, 5ᵉ et 6ᵉ section . . . .

TOTAL. . . . .

2ᵉ **A titre d'avances,**

Remboursables par les parties prenantes (1ʳᵉ et 2ᵉ section). . . . .

ENSEMBLE. (1)   . . . .

A   le   18   .

(1) Inscrire la somme en toutes lettres.

Modèle n° 14.

Art. 112 du Règlement.

N° 149 de la Nomenclature.

« TRIMESTRE 18 .

(a) Désigner le corps de troupe ou le corps d'armée lorsque la feuille est établie au titre des officiers sans troupe et des employés militaires.

(a)

FEUILLE DE RÉGULARISATION

Des paiements effectués, à titre d'indemnité journalière et d'indemnité de transport, au profit des militaires d   dit

qui ont voyagé isolément pendant le   trimestre
18   (1).

Les feuilles de régularisation sont établies :

Pour les officiers sans troupe et les employés militaires, par les intendants militaires.

Pour les militaires des corps de troupe et pour les personnels des établissements militaires, par les conseils d'administration et par les officiers commandants dans les corps qui ne comportent pas de conseil.

Les militaires et employés militaires y sont inscrits successivement et par ordre alphabétique (sans égard à l'ordre hiérarchique des grades) dès la réception du premier relevé sommaire qui les concerne (colonnes 1 à 7).

Les paiements que relatent les relevés sommaires et les mandats qui y sont annexés ne sont portés sur la feuille de régularisation qu'à l'époque de la clôture de cette feuille ; il en est de même pour les distances parcourues, ainsi que pour le nombre d'étapes et de séjours (colonnes 8 à 14). Ces paiements sont alors totalisés séparément pour chaque individu, et enregistrés en une seule somme à son article premier.

Lorsque le point final du parcours ne sera pas gîte d'étape, on indiquera le canton dont il fait partie et le département dans lequel il se trouve.

(1) Voir la décision présidentielle du 30 juin 1876 modifiant l'article 114 en ce qui concerne la régularisation des mandats collectifs d'indemnité de route.

NUMÉROS d'ordre.	NOM ET PRÉNOMS. DU MILITAIRE.	GRADE OU EMPLOI.	NUMÉRO			MOTIF de LA DÉLIVRANCE de la feuille de route (d'après les mandats).
			du bataillon ou escadron.	de la compagnie.	au contrôle annuel.	
1	2	3	4	5	6	7

LIEUX		DISTANCES FRANCHIES d'après les mandats			NOMBRE DE JOURNÉES passées en route, d'après les mandats.	NOMBRE DE SÉJOURS, d'après les mandats.	SOMMES PAYÉES d'après LES RELEVÉS SOMMAIRES et les mandats, pour				OBSERVATIONS.
DE DÉPART.	DE DESTINATION.	sur les voies ferrées.	sur les routes ordinaires.	Nombre d'étapes.			Indemnité de transport (1).	Indemnité journalière.	Indemnité de séjour.	TOTAL.	(1) La colonne 15 comprend l'indemnité kilométrique et l'indemnité fixe.
8	9	10	11	12	13	14	15	16	17	18	19

<table>
<tr><td>(*) Les corps d'armée doivent être inscrits dans leur ordre numérique.</td><td colspan="2">*Annotation des relevés sommaires applicables au   trimestre 18 , qui sont parvenus au corps.*</td></tr>
</table>

CORPS D'ARMÉE d'où proviennent les relevés sommaires (*).	DÉPARTEMENTS où ILS ONT ÉTÉ ÉTABLIS.	MOIS AUXQUELS ils sont applicables.	MONTANT DES MANDATS		TOTAUX DES RELEVÉS sommaires (1)		OBSERVATIONS.
			admis.	refusés.	par département.	par division.	
		Totaux					

(1) Les sommes portées dans ces colonnes représentent le montant des mandats d'*indemnité de route* parvenus au corps à l'appui des relevés sommaires, et sont par conséquent égales aux totaux de ces relevés, *déduction faite* des rejets que peut avoir opérés l'intendant du corps d'armée dans ses vérifications mensuelles.

Certifié conforme aux relevés sommaires et aux mandats y annexés qui m'ont été successivement remis par le Conseil d'administration.

A   , le   18   .

Le Trésorier,

Vérifié :
Le Major,

Arrêté la présente feuille de régularisation à la somme de

d·nt

A   , le   18   .

Le Conseil d'administration,

Vérifié,
L (1)

(1) Indiquer le grade du fonctionnaire de l'intendance militaire.

Modèle N° 15
Art. 124 du Règlement.

Désigner
le
corps.

REGISTRE

Des avances en argent et en effets de petit équipement faites aux officiers, sous-officiers et soldats dudit corps, sur le fonds affecté au service de l'indemnité de route.

Ce registre est tenu par le Trésorier (1).

Chaque article porte un numéro d'enregistrement.

Les enregistrements ont lieu aussitôt que les paiements viennent à la connaissance du corps, soit par les feuilles de route des militaires au profit desquels ils ont été effectués, soit par les relevés sommaires et mandats à l'appui.

(1) Dans les établissements militaires, il est tenu par l'officier d'administration ou l'agent comptable.

* Trimestre 18

NUMÉROS D'ORDRE.	DATES de l'inscription au présent registre.	DÉSIGNATION des pièces d'après lesquelles est faite l'inscription.	NOMS et prénoms.	GRADES.	NUMÉROS			RENSEIGNEMENTS EXTRAITS MENTIONNÉS	
					du bataillon ou de l'escadron.	de la compagnie.	au contrôle annuel.	DATES du paiement ou de la fourniture.	LIEUX et départements où le paiement a été fait et où les fournitures ont été effectuées.

VÉRIFIÉ :
Le Major,

VÉRIFIÉ :
Le Sous-Intendant militaire.

DES PIÈCES SUR LESQUELLES SONT LES AVANCES.			MONTANT des avances		REPORT des sommes inscrites dans le trimestre précédent et pour lesquelles les mandats ne sont pas parvenus.	AVANCES portées sur les relevés sommaires parvenus au corps et dont le montant doit être versé au Trésor.	AVANCES retenues aux hommes dont le montant a été versé aux fonds divers en attendant que l'imputation soit faite au corps.	MONTANT des mandats refusés. — Pour mémoire.	OBSERVATIONS.
NATURE des effets fournis.									
Paires de		chemises.	en argent.	en effets de petit équipement.					
souliers.	guêtres.								

Certifié conforme aux relevés sommaires appuyés des mandats qui m'ont été successivement remis par le conseil d'administration, et aux inscriptions faites sur les feuilles de route.

A , le 18 .

Le Trésorier,

Arrêté le présent registre à la somme de affèrentes au * trimestre 18 , dont admis, et montant des avances rejetés.

A , le 18 .

Le Conseil d'administration,

Modèle n° 16.
Art. 128 du Règlement.

• TRIMESTRE 18 •

Désigner le corps de troupe ou le corps d'armée, lorsque l'état est dressé au titre des officiers sans troupe et employés militaires.

ÉTAT récapitulatif des paiements effectués dans tous les corps d'armée, au titre d dit pendant le • trimestre 18 , pour avances en argent ou en effets de petit équipement, d'après les relevés sommaires qui lui sont parvenus et les mandats à l'appui.

CORPS D'ARMÉE d'où proviennent les relevés sommaires.	DÉPARTEMENTS où ils ont été établis.	MOIS auxquels ils sont applicables.	MONTANT des paiements dont l'imputation est		TOTAUX des relevés sommaires (1)		OBSERVATIONS
			admise.	refusée.	par département.	par corps d'armée.	
TOTAUX. . .							

Arrêté le présent état à la somme de montant des paiements reconnus imputables *au corps.*

A le 18

• L'Intendant du e corps d'armée, si l'état est relatif aux officiers sans troupe et employés militaires.
L'Officier d'administration comptable ou l'Agent comptable s'il concerne un établissement militaire.

Le Conseil d'administration,

VÉRIFIÉ :

Le Sous-Intendant militaire,

(1) Les sommes portées dans ces colonnes représentent le montant des mandats d'*avances* parvenus au corps à l'appui des relevés sommaires, et sont par conséquent égales aux totaux de ces relevés, *déduction faite* des rejets que peut avoir opérés l'intendant militaire dans ses vérifications mensuelles.

SECOURS AUX MILITAIRES FRANÇAIS EN PAYS ETRANGER.

(1)

° TRIMESTRE 186

ÉTAT *des sommes distribuées et des fournitures faites, par les soins d* (1)
de France à   , pendant le ° *trimestre* 18   *, aux militaires
ci-après dénommés :*

CORPS auxquels LES MILITAIRES appartiennent.	NOMS ET PRÉNOMS.	GRADES.	LIEUX		DÉTAIL DES SECOURS ACCORDÉS (2) en		MONTANT DE LA DÉPENSE au compte de l'État pour chaque militaire.	AVANCES FAITES AUX OFFICIERS sauf imputation sur leur solde à leur retour en France.		OBSERVATIONS (3)
			d'où part le militaire.	où il se rend.	argent, vivres.	vêtements.		Sommes.	Dates.	
					Totaux.					
					Ensemble.					

*Certifié par nous
montant à la somme de*
A

le

, *le présent Etat*

18   .

(1) Désigner la légation ou le consulat.
(2) Indiquer le nombre de jours que l'allocation en argent ou la fourniture de vivres embrasse, et la nature des effets avec les dates de leur distribution.
(3) Relater avec soin, dans la colonne d'observations, l'événement par suite duquel le militaire se trouve à l'étranger, et sa position avant cet événement.

TABLE DES MATIÈRES.

TITRE PRELIMINAIRE.

Ire PARTIE.

De l'indemnité de route. — Des avances en argent et en effets. — Des fournitures d'effets au compte de l'Etat dans l'intérieur de l'Empire.

TITRE Ier.—RÈGLES D'ALLOCATION.

CHAPITRE Ier. — DE L'INDEMNITÉ DE ROUTE.

CHAPITRE II. — DES AVANCES EN ARGENT ET EN EFFETS DE PETIT ÉQUIPEMENT.

CHAPITRE III. — DES FOURNITURES D'EFFETS AU COMPTE DE L'ÉTAT.

TITRE II. — APPLICATION DES RÈGLES D'ALLOCATION.

CHAPITRE Ier. — CONSTATATION DU DROIT.

SECTION Ire. — *Positions donnant droit aux allocations.*

SECTION II. — *Des fonctionnaires chargés d'appliquer les règles.*

SECTION III. — *Des formalités.*

CHAPITRE II. — SATISFACTION DU DROIT.

SECTION Ire. — *Du décompte des indemnités.*

TITRE III. — DE LA COMPTABILITÉ.

CHAPITRE Ier. — DE LA LIQUIDATION, DE L'IMPUTATION ET DE LA JUSTIFICATION DES DÉPENSES.

CHAPITRE II. — DE LA RÉGULARISATION DES DÉPENSES.

SECTION Ire. — *Dépenses particulières à l'indemnité de route.*

CHAPITRE III. — **DES VÉRIFICATIONS DANS LES BUREAUX DU MINISTÈRE
DE LA GUERRE.**

TITRE IV.—**DES DÉPENSES A LA CHARGE DES MINISTÈRES DE LA MARINE,
DE LA JUSTICE, DE L'INTÉRIEUR, DE LA MAISON DE L'EMPEREUR ET DE
LA VILLE DE PARIS.**

CHAPITRE 1er. — **DÉPENSES A LA CHARGE DU MINISTÈRE DE LA MARINE.**

IIᵉ PARTIE.

De l'indemnité de déplacement à l'intérieur de l'Empire. — De l'indemnité extraordinaire de voyage à l'intérieur et à l'étranger.

TITRE Iᵉʳ. — DE L'INDEMNITÉ DE DÉPLACEMENT.

TITRE II. — DE L'INDEMNITÉ EXTRAORDINAIRE DE VOYAGE.

III° PARTIE.

Des secours et avances aux militaires français marchant ou séjournant isolément en pays étranger.

TITRE Ier. — SECOURS AU COMPTE DE L'ÉTAT. — AVANCES REMBOURSABLES.

CHAPITRE Ier. — RÈGLES D'ALLOCATION.

MODÈLES.

ANNEXES.

*Circulaire relative aux fraudes commises par des militaires,
au moyen de la feuille de route.*

Paris, le 12 octobre 1867.

A MM. les Généraux commandant les divisions militaires
territoriales.

Général, beaucoup de militaires, voyageant isolément, se présentent aux états-majors divisionnaires, et notamment à l'état-major de la place de Paris, en déclarant qu'ils ont égaré leurs pièces et en demandant qu'elles soient remplacées, afin d'être mis à même de continuer leur route.

Jusqu'à présent, on a consenti à leur délivrer un sauf-conduit sur cette simple déclaration.

Mais, depuis quelque temps, le nombre des militaires qui sont venus réclamer cette faveur s'est tellement accru que tout donne à penser que leurs allégations sont, le plus souvent, mensongères, et que les feuilles de route que ces militaires prétendent avoir perdues sont l'objet d'un trafic semblable à celui qui se pratique sur les billets à prix réduits délivrés par les compagnies de chemins de fer pour les trains de plaisir.

Il importe de faire cesser ces fraudes, et, dans ce but, j'ai décidé qu'à l'avenir tout militaire voyageant isolément, qui, sous le prétexte de perte de feuille de route, viendra réclamer une nouvelle pièce de ce genre à l'état-major divisionnaire, sera immédiatement écroué et subira une punition sévère, à moins que des circonstances particulières ne permettent de constater la véracité de ses assertions.

Je vous prie d'adresser à qui de droit des instructions très-précises dans ce sens.

En outre, il conviendra de rappeler aux troupes, par la voie de l'ordre du jour, que le militaire voyageant isolément est tenu de prendre le plus grand soin des pièces qui lui sont délivrées au départ, et de faire connaître, en même temps, qu'ordre est donné de sévir contre les hommes qui pourront être soupçonnés d'avoir spéculé sur leur feuille de route.

Le Maréchal de France,
Ministre Secrétaire d'État de la guerre,

Signé : NIEL.

*Note ministérielle relative aux frais de route des généraux,
chefs d'état-major des corps d'armée à l'intérieur, pour
l'inspection des officiers du corps d'état-major.*

Paris, le 17 décembre 1867.

Par décision en date du 12 décembre courant, le maréchal
Ministre secrétaire d'Etat au département de la guerre a arrêté
que, par assimilation aux positions prévues à l'article 155 du
Règlement du 12 juin 1867, l'indemnité extraordinaire de voyage
d'inspecteur général sera acquise, *à partir de 1868,* aux généraux
chefs d'état-major des corps d'armée à l'intérieur, pour l'inspection des officiers du corps d'état-major, dans leur arrondissement
respectif.

---

*Décret portant modification au tarif du 12 juin 1867, relatif
aux frais de route des militaires isolés.*

Paris, le 11 janvier 1868.

NAPOLÉON, par la grâce de Dieu et la volonté nationale, EMPE-
REUR DES FRANÇAIS, à tous présents et à venir, SALUT :

Vu le décret impérial du 12 juin 1867, portant règlement sur les
frais de route des militaires isolés ;

Sur le rapport de notre Ministre secrétaire d'Etat au département de la guerre ;

AVONS DÉCRÉTÉ ET DÉCRÉTONS ce qui suit :

Art. 1er. L'indemnité de transport attribuée aux officiers et assimilés, du grade de colonel à celui de sous-lieutenant inclus, est
fixée, d'une manière uniforme, au taux de 0 fr. 03 cent. par kilomètre sur les voies ferrées.

Art. 2. Le présent décret recevra son exécution à partir du
1er février 1868.

Art. 3. Les Ministres de la guerre, de la marine, des affaires
étrangères, de l'intérieur, de la justice et des finances sont chargés, chacun en ce qui le concerne, de l'exécution du présent
décret, qui sera inséré au *Bulletin des lois.*

Fait à Paris, le 11 janvier 1868.

Signé : NAPOLÉON.

Par l'Empereur :

*Le Maréchal de France, Ministre Secrétaire
d'Etat au département de la guerre,*

Signé : NIEL.

Circulaire répondant à diverses questions relatives à l'exécution du décret du 12 juin 1867, sur le service des frais de route.

Paris, le 28 février 1868.

A MM. les Intendants militaires des divisions de l'intérieur et de l'Algérie.

Monsieur l'Intendant, diverses questions m'ayant été adressées au sujet de l'application du décret du 12 juin 1867, portant règlement sur les frais de route des militaires isolés, je crois devoir réunir dans une seule circulaire les solutions que ces questions comportent, afin d'assurer, sur tous les points, l'exécution uniforme des dispositions prescrites.

Je mets en regard les questions qui m'ont été soumises et la solution que chacune d'elles doit recevoir :

1° Les allocations prévues par la position n° 17 du tableau A, qui accorde l'indemnité de transport et journalière pour l'aller et le retour (à l'exclusion de l'indemnité fixe) aux officiers qui vont se remonter à titre onéreux, doivent-elles s'appliquer aux officiers qui vont se remonter à titre *gratuit* ?

L'allocation de l'indemnité de route doit s'étendre aux officiers qui se remontent à titre gratuit ; le libellé de la position n° 17 du tableau A doit être complété en ajoutant après les mots *à titre onéreux* ceux *ou à titre gratuit*.

2° Les officiers se rendant en congé de convalescence sans avoir, avant l'obtention de ce congé, séjourné à l'hôpital ou avoir fait usage des eaux thermales, ont-ils droit à l'indemnité de route ?

Le numéro d'ordre 58 des positions spécifiées au tableau A indique suffisamment que les militaires qui vont en congé de convalescence à leur sortie de l'hôpital ou des établissements thermaux ont droit à l'indemnité de route, et comme aucune disposition de ce tableau ne s'applique aux militaires qui obtiennent ces sortes de congés dans la *position de présence à leur corps*, il en résulte que les premiers sont les seuls qui jouissent de cet avantage.

3° Les officiers en non-activité qui se rendent aux hôpitaux ou aux eaux ont-ils droit à l'indemnité de route en conformité du renvoi (1), du chapitre 2 du tableau A¹ ou doivent-ils en être privés, ainsi que l'indique le chapitre 2 du tableau A¹ ?

Il existe une contradiction évidente entre la position du n° 21 (tableau A) et celle du n° 48 (tableau A¹) ; comme il est équitable d'allouer l'indemnité de route aux militaires en non-activité qui se rendent aux hôpitaux ou aux eaux, il y a lieu de supprimer les mots *non-activité* dans l'intitulé du chapitre 2 du tableau A¹.

4° . . . .

5° Aux termes de l'article 8 du décret du 15 février 1854, les chefs armuriers de 1re classe ont droit aux prestations d'adjudant sous-officier, et ceux de 2e classe aux allocations de sergent-major, tandis que les assimilations de grade du tableau B (artillerie, génie, train des équipages militaires) ne faisant aucune distinction de classe, ont réglé les allocations des chefs armuriers sur le grade de sergent-major.

C'est par erreur qu'il n'a été fait aucune distinction de classe pour les chefs armuriers ; il convient de rectifier le paragraphe 3 ainsi qu'il suit :

Chefs armuriers { de 1re classe, adjudant. { de 2e classe, sergent-major

Vous voudrez bien notifier les instructions qui précèdent aux officiers de l'intendance et aux suppléants chargés du service de marche dans votre division.

Le Maréchal de France,
Ministre Secrétaire d'Etat de la guerre,
Signé : NIEL.

Note ministérielle relative au droit à l'indemnité de déplacement des officiers généraux et assimilés, passant dans le cadre de réserve.

Paris, le 30 avril 1868.

Par décision du 30 avril 1868, le Ministre a arrêté que l'indemnité de déplacement est acquise aux officiers généraux et assimilés placés dans le cadre de réserve, par analogie de position avec le n° d'ordre 2 du tableau A, annexé à l'article 43 du règlement du 12 juin 1867, sur les frais de route.

Circulaire répondant à diverses questions relatives à l'exécution du décret du 12 juin 1867, sur le service des frais de route.

Paris, le 14 mai 1868.

A MM. les Intendants militaires des divisions de l'intérieur et de l'Algérie.

Monsieur l'Intendant, de nouvelles questions m'ont été soumises au sujet de l'application du décret du 12 juin 1867, portant règlement sur les frais de route de militaires isolés .

De même que dans la circulaire du 28 février dernier, j'ai réuni ces questions en plaçant, en regard de chacune d'elles, la solution qu'il convient de leur donner.

1° La circulaire du 8 juillet 1861, prescrivant aux chefs de détachements de faire des avances, remboursables par trimestre, aux corps auxquels appartiennent les isolés sans ressources, éloignés de deux, trois et même quatre étapes d'une résidence de sous-intendant militaire ou de suppléant légal ordonnateur de l'indemnité de route, est-elle abrogée par l'article 181 du règlement ?

Les dispositions de la circulaire du 8 juillet 1861 n'ont pas été reproduites dans le règlement du 12 juin 1867 ; il y a lieu de les remettre en vigueur pour les militaires ayant droit aux prestations de marche.

2° Aux termes du second alinéa des notes mises dans la colonne d'observations du numéro d'ordre 16 (*Tableau A*), l'indemnité fixe n'est due que pour *le retour* aux trésoriers et aux officiers payeurs qui se déplacent pour aller recevoir la solde. D'un autre côté, le tarif n° 1 fixe cette indemnité à 5 francs par voyage.

Doit-on en conclure que l'officier qui n'y a droit que pour le retour ne doit recevoir que 2 fr. 50 cent. ?

Entend-on par aller et retour, pour une même mission, deux voyages donnant droit conséquemment à deux indemnités fixes, une pour l'aller et l'autre pour le retour ?

L'*aller* constitue un voyage pour lequel il n'y a pas d'indemnité fixe dans le cas spécial dont il s'agit ; mais le *retour* constitue un nouveau voyage pour lequel elle est due, par la raison que le trésorier ou l'officier payeur est porteur de fonds dont il convient de lui faciliter le transport du Trésor à la gare du départ et de la gare d'arrivée à son domicile.

3° L'article 60 du règlement fixe les délais dans lesquels les officiers doivent réclamer le payement de l'indemnité de route, qu'ils n'ont pas touchée par anticipation. Il ne détermine pas le grade du fonctionnaire qui peut autoriser le rappel, ainsi qu'on l'a fait au paragraphe 3 pour les sous-officiers et soldats ?

Le 3° alinéa de l'article 60 doit être modifié ainsi qu'il suit :

Le rappel des indemnités non perçues au départ ou non réclamées dans les délais ne peut être fait aux officiers, sous-officiers et soldats que sur l'autorisation expresse de l'intendant militaire de la division.

4° L'officier commandant un détachement se rendant en chemin de fer à un dépôt de remonte, a-t-il droit à l'indemnité fixe déterminée à l'article 14 du règlement ?

Oui, du moment où il reçoit l'indemnité de route comme voyageant isolément.

5° Les gardiens de batterie, classés, par le décret du 14 février 1854, comme sergents-majors ou maréchaux des logis chefs, ne figurent pas au tableau B des assimilations.

Omission à réparer ; après chef armurier, ajouter : « gardien de batterie ».

6° Les maîtres ouvriers des corps, allant procéder aux réparations dans les portions détachées, ont-ils droit à l'indemnité de route ?

Non. Les frais de déplacement doivent être supportés par leur abonnement.

7° L'article 120 dispose que les intendants et sous-intendants militaires conservent dans leurs archives, pendant deux ans, les relevés sommaires et les mandats relatifs à la 1re et à la 2e section, d'après lesquels on établit les feuilles de régularisation.

Ces documents devant être souvent consultés pour répondre aux observations de la Cour des comptes, y aurait-il un inconvénient grave à faire conserver ces archives pendant *quatre ans ?*

Rien ne s'oppose à ce que ces documents soient conservés pendant *quatre ans*; cette période devra être substituée à celle de deux ans fixée par l'article 120.

Les solutions qui précèdent devront être notifiées aux fonctionnaires de l'intendance et à leurs suppléants chargés du service de marche.

Le Maréchal de France,
Ministre Secrétaire d'Etat de la guerre,
Signé : NIEL.

Note ministérielle relative à l'indemnité de traversée allouée aux inspecteurs généraux d'armes, administratifs et médicaux, se rendant, pour leurs opérations, de France en Corse, ainsi que d'un port à l'autre du littoral algérien.

Paris, le 22 mai 1868.

Par décision en date de ce jour, le Maréchal de France, Ministre Secrétaire d'Etat au département de la guerre, a arrêté que l'indemnité de traversée de 50 fr. allouée, par décisions ministérielles des 21 novembre 1852 et 25 mai 1860, aux inspecteurs généraux d'armes, administratifs et médicaux, continuera à leur être acquise pour les traversées, résultant de leurs opérations, par des bâtiments de l'Etat ou par ceux de la correspondance, soit de France, soit de l'Algérie, conformément au tableau faisant suite à la décision précitée du 25 mai 1860.

L'indemnité reste fixée à 25 fr. pour toute autre traversée effectuée en Algérie de la même manière et dans le même but.

Rapport à l'Empereur sur la nécessité d'introduire certaines modifications dans le règlement du 12 juin 1867, sur les frais de route des militaires isolés.

Paris, le 19 mai 1869.

Sire,

La mise en pratique du décret du 12 juin 1867, portant règlement sur les frais de route des militaires isolés, a fait ressortir la nécessité de modifier certains articles, ainsi que de remanier quelques tarifs.

Les articles sujets à modifications ont trait au mode d'imputation des paiements mis à la charge des ordonnateurs ou des officiers signataires des invitations de feuilles de route.

Les tarifs à remanier concernant les allocations de route afférentes aux chemins de fer algériens et à ceux d'intérêt local, qui n'ont pu être, comme les grandes lignes, soumis par les lois de concession, à la réduction des $\frac{4}{5}$ du tarif légal et sur lesquels les militaires paient 1/2 place ou place entière.

Enfin, quelques rectifications doivent être faites au tableau déterminant les positions qui donnent droit à l'indemnité de route.

En conséquence, j'ai l'honneur de soumettre à l'approbation de Votre Majesté le projet de décret ci-joint, qui, je l'espère, complétera la réglementation du 12 juin 1867 et donnera satisfaction à tous les droits dans toutes les positions.

Le Maréchal de France,
Ministre Secrétaire d'Etat de la guerre,
Signé : Niel.

Décret portant modification au règlement du 12 juin 1867, sur les frais de route des militaires isolés.

Paris, le 19 mai 1869.

NAPOLÉON, par la grâce de Dieu et la volonté nationale, Empereur des Français, à tous présents et à venir, Salut :

Vu le décret impérial du 12 juin 1867, portant règlement sur les frais de route des militaires isolés ;

Sur le rapport de notre Ministre Secrétaire d'Etat au département de la guerre,

Avons décrété et décrétons ce qui suit :

Art. 1er. Les articles 98, 99, 100, 101, 102 et 103 dudit règlement sont remplacés par les articles suivants :

*Vérification des pièces produites.— Rejet des sommes indûment allouées.
— L'intendant statue, en premier ressort, sur l'imputation qui doit
être faite aux parties prenantes.*

Art. 98. L'intendant divisionnaire revise les pièces mentionnées
en l'article précédent; il adresse les mandats jugés irréguliers au
sous-intendant militaire qui les lui avait transmis, et accompagne
cet envoi d'une feuille de vérification (*modèle n° 10*) dans laquelle
il fait connaître la part de responsabilité qui lui paraît devoir incomber, soit à l'ordonnateur, soit à l'officier signataire de l'invitation de feuille de route, soit à la partie prenante, soit enfin au
payeur.

Cette feuille de vérification et les pièces qui y étaient jointes sont
ensuite renvoyées, avec les explications du sous-intendant, à l'intendant de la division.

L'intendant statue, en premier ressort, sur l'irrégularité des ordonnancements ou des paiements effectués. Il rejette les mandats
irréguliers et consigne ses décisions sur une feuille de rectification
(*modèle n° 10*).

Il annote les rejets qu'il a opérés, dans la colonne d'observations
du bordereau mensuel et dans celle des relevés sommaires où sont
inscrits les mandats irréguliers, et en retranche le montant de la
somme à laquelle le sous-intendant militaire avait arrêté ces relevés.

*Formalités relatives à la transmission aux intéressés des mandats
rejetés et laissés à leur charge.*

Art. 99. L'intendant militaire adresse ensuite, en observant la
marche indiquée ci-après, aux parties prenantes (officiers de troupe
ou sans troupe, employés militaires et militaires de tous grades
de la gendarmerie (un ordre de reversement appuyé des mandats
rejetés et d'un extrait de la feuille de rectification.

Si ces parties prenantes résident dans la division, les pièces ci-
dessus indiquées sont transmises au sous-intendant militaire chargé
de la surveillance administrative des corps ou de l'ordonnancement
de la solde des officiers sans troupe.

Si elles résident dans d'autres divisions, les mêmes pièces sont
adressées directement aux intendants de ces divisions, qui leur donnent la destination prescrite dans le paragraphe précédent.

Les mandats rejetés, dont le payeur est rendu responsable, lui
sont transmis, appuyés seulement d'un extrait de la feuille de rectification, par l'intermédiaire du sous-intendant militaire chargé du
service des frais de route au chef-lieu du département.

*Le Ministre statue sur l'imputation des paiements qui engagent la res-
ponsabilité des ordonnateurs ou des officiers signataires des invitations de feuilles de route.*

Art. 100. L'intendant divisionnaire adresse au Ministre un état des sommes indûment payées qui peuvent engager la responsabilité des ordonnateurs et des officiers signitaires des invitations de feuilles de route.

Cet état est appuyé, s'il y a lieu, des observations présentées à leur décharge par les ordonnateurs ou les officiers ainsi mis en cause; l'intendant y joint son avis personnel.

Le Ministre décide si la dépense doit être supportée par l'ordonnateur, ou, dans le cas prévu par le paragraphe 2 de l'article 49, si elle doit être imputée à l'officier qui a délivré l'invitation de feuille de route, ou enfin si elle doit être laissée au compte de l'Etat.

Ses décisions sont notifiées à l'intendant liquidateur, qui demeure chargé d'en assurer l'exécution, en suivant la marche indiquée à l'article 99.

Mode de remboursement des allocations irrégulières mises à la charge des ordonnateurs, des signataires des invitations de feuilles de route, ou des parties prenantes.

Art. 101. Les ordonnateurs versent immédiatement dans une caisse publique le montant des sommes que le Ministre met à leur charge.

Lorsque l'imputation concerne un officier appartenant à un corps de troupe (que cet officier soit responsable comme signataire d'invitation de feuille de route ou qu'il soit partie prenante), le versement s'effectue dans la forme indiquée par l'article 123, dès la réception de l'ordre de versement.

On opère de la même manière pour les imputations qui concernent les militaires de tous grades de la gendarmerie.

S'il s'agit d'un officier sans troupe ou d'un employé militaire, le montant de l'ordre de reversement est précompté sur son premier mandat de solde. La somme à précompter y est indiquée par l'ordonnateur au moyen d'une mention à l'encre rouge. Avis de la retenue à exercer est donné au payeur par la transmission de l'ordre de reversement, lequel est annexé au bordereau d'émission.

Mode d'imputation des paiements mis à la charge du payeur.

Art. 102. Le montant des mandats rejetés et laissés à la charge du payeur est déduit sur l'état de remboursement du mois suivant.

En cas de réclamation de la part du payeur, le Ministre statue définitivement, de concert avec son collègue des finances.

Destination à donner aux récépissés de versement au Trésor, aux extraits de feuilles de rectification et aux mandats rejetés dont le remboursement a été opéré.

Art. 103. Lorsque le remboursement des sommes rejetées a été opéré, le récépissé constatant le versement au Trésor, l'extrait de la feuille de rectification et le mandat irrégulier sont renvoyés, en suivant la voie hiérarchique administrative, à l'intendant de la division dans laquelle l'ordonnancement avait eu lieu.

Ces documents sont conservés pour être en fin de trimestre annexés au résumé général prescrit par l'article 111. Dans le cas où ils ne parviendraient qu'après la production de ce résumé, l'intendant les adresse immédiatement au Ministre.

Art. 2. Les tarifs annexés audit règlement sont complétés ou modifiés comme il suit :

Nº 1. — *Tarif de l'indemnité de route.*

L'observation portée en regard des allocations est complétée selon la rédaction suivante :

« Lorsque le parcours a lieu sur les voies ferrées où les militaires
« paient 1/2 place, le taux de l'indemnité kilométrique de trans-
« port fixé par le présent tarif est doublé; il est quadruplé si le
« chemin de fer n'est astreint à aucune réduction du prix de la
« place.
« Les veuves et les orphelins de militaires n'étant pas admis à
« voyager sur les chemins de fer au 1/4 de place, le taux de l'in-
« demnité kilométrique de transport fixé par le présent tarif est
« quadruplé lorsqu'il s'agit de leur appliquer les dispositions du
« paragraphe 6 du chapitre iv du tableau A. »

Nº 2. — *Tarif de l'indemnité de déplacement.*

	TAUX DE L'INDEMNITÉ SUR LES			
	VOIES FERRÉES.			ROUTES
GRADES.	Au 1/4 du tarif.	Au 1/2 tarif.	Au plein tarif.	ORDINAIRES.
	Kilomètre.	Kilomètre.	Kilomètre.	Kilomètre.
	fr. c. m.	fr. c. m.	fr. c. m.	fr. c. m.
Maréchal de France..........	0 60 0	0 65 0	0 75 0	1 54 0
Général de division........				
Intendant général inspecteur..				
Général de brigade.........				
Intendant militaire.........	0 17 5	0 22 5	0 32 5	0 48 0
Médecin inspecteur.........				
Pharmacien inspecteur......				
Aumônier en chef..........				

N° 3. — *Tarif de l'indemnité extraordinaire de voyage.*

GRADES.		TAUX DE L'INDEMNITÉ			
		SUR LES VOIES FERRÉES			sur les routes ordinaires.
		au 1/4 du tarif.	au 1/2 tarif.	au plein tarif.	
		kilo-mètre.	kilo-mètre.	kilo-mètre.	kilo-mètre.
		fr. c. m.	fr. c. m.	fr. c. m.	fr. c. m.
Maréchal de France		1 20	1 30	1 50	3 07
Général de division commandant en chef un corps d'armée		0 80	0 90	1 10	1 92
Général de division. Général de brigade.	En inspection annuelle ou extraordinaire de gendarmerie. — avec ou sans aides de camp.	0 55	0 65	0 85	1 50
Général de division. Intendant général inspecteur. Général de brigade. Intendant militaire. Médecin ou pharmacien inspecteur.	En inspection annuelle ou extraordinaire de tous les autres services. — avec ou sans aides de camp.	0 50	0 60	0 80	1 34 5
Général de division. Général de brigade.	avec 2 aides de camp.	0 50	0 60	0 80	1 34 5
	avec 1 aide de camp.	0 40	0 50	0 70	1 15
	sans aide de camp.	0 35	0 40	0 50	0 96
Intendant général inspecteur. Intendant militaire inspecteur.		0 40	0 50	0 70	1 15
Médecin et pharmacien inspect^r. Aumônier en chef. Colonel, lieutenant-colonel, chef de bataillon ou d'escadron. Sous-Intendant militaire et adjoint de 1re classe		0 35	0 40	0 50	0 96
Médecin et pharmacien principal. Médecin-major et pharmacien-major de 1re classe. Officier d'administrat. principal. Vétérinaire principal		0 26 5	0 31 5	0 41	0 77
Tout autre officier, fonctionnaire ou employé militaire.		0 20	0 25	0 35	0 64
Aide de camp du Ministre de la guerre ou officier de son état-major.		0 35	0 40	0 50	0 96

(Les grades de la dernière partie du tableau sont pris en mission extraordinaire spéciale. (Article 456.))

Art. 3. Le n° 14 du tableau A' des positions est mis en rapport avec le n° 19 du tableau A, par la nouvelle rédaction suivante :

« Cavaliers désignés par les officiers généraux pour conduire à
« destination les chevaux appartenant à des officiers montés chan-
« geant de corps ou de résidence et n'ayant pas à franchir plus de
« quatre étapes. »

Et les n°s 29 et 30 du tableau A' sont supprimés comme faisant double emploi avec le n° 47 du même tableau.

Art. 4. Le présent décret recevra son exécution à partir du 1er juillet 1869.

Art. 5. Nos Ministres de la guerre, de la marine, des affaires étrangères, de l'intérieur, de la justice et des finances sont char-gés, chacun en ce qui le concerne, de l'exécution du présent décret, qui sera inséré au *Bulletin des lois.*

Fait à Paris, le 19 mai 1869.

Signé : NAPOLÉON.

Par l'Empereur :

Le Maréchal de France,
Ministre Secrétaire d'Etat de la guerre,

Signé : NIEL.

Note ministérielle relative au transport des militaires malades,
à diriger sur l'hôpital thermal de Bourbonne-les-Bains.

Paris, le 23 février 1870.

MM. les fonctionnaires de l'intendance militaire et leurs sup-pléants légaux sont invités à allouer aux sous-officiers, caporaux, brigadiers et soldats malades, dirigés sur l'hôpital militaire ther-mal de Bourbonne-les-Bains, au lieu d'un mandat de convoi, l'indemnité kilométrique de transport par diligence, fixée à 2 fr. 12 c. (1) par homme pour le trajet final de 17 kilomètres, de la Ferté à Bourbonne.

Au moyen de cette allocation, les militaires auront à pourvoir eux-mêmes à leur transport par la voiture publique, faisant le ser-vice entre ces deux localités.

---

(1) Cette indemnité est portée à 2 fr. 29 cent., par suite du décret du 12 octobre 1871.

Note ministérielle relative aux frais de route des inspecteurs généraux et administratifs se rendant, pour leurs opérations respectives, dans les forts détachés des places.

Paris, le 29 avril 1870.

Par décision du 20 janvier 1870, le Ministre Secrétaire d'Etat au département de la guerre a arrêté, qu'à l'avenir, l'indemnité extraordinaire de voyage sera allouée aux inspecteurs généraux et administratifs pour se rendre dans les forts ou ouvrages détachés des places, toutes les fois que la porte de ces forts ou ouvrages se trouvera située à plus d'un kilomètre de la porte du corps de place.

Circulaire indiquant les divers renseignements qui doivent figurer sur les feuilles de route et les permissions délivrées aux militaires de tous grades.

Versailles, le 18 juillet 1871.

A MM. les Généraux et Intendants divisionnaires.

Messieurs, M. le Ministre de l'intérieur vient de signaler à mon attention les lacunes que présenteraient les feuilles de route et les permissions délivrées aux militaires de tous grades, particulièrement en ce qui concerne l'état civil et le signalement, bien que d'après la formule imprimée ces indications dussent y figurer. Ces titres ne porteraient pas la signature des titulaires, et la mention *ne sait pas signer*, qui est obligatoire, y ferait défaut ainsi que les signes particuliers.

Les circonstances présentes rendant plus que jamais nécessaire la constatation parfaite de l'identité des personnes, il importe qu'avant d'être remis aux intéressés, les titres dont il s'agit soient complétés rigoureusement et contiennent tous les renseignements qui doivent y figurer.

Je vous invite à y tenir strictement la main.

Le Ministre de la guerre,

Signé : Gal E. DE CISSEY.

*Décret qui modifie le tarif n° 1 du règlement du 12 juin 1867,
sur les frais de route des militaires isolés (1).*

Versailles, le 12 octobre 1874.

LE PRÉSIDENT DE LA RÉPUBLIQUE FRANÇAISE,

Vu le décret du 12 juin 1867, portant règlement sur les frais de route des militaires isolés;

Vu les décrets des 11 janvier 1868 et 19 mai 1869 apportant certaines modifications audit règlement;

Vu l'article 12 de la loi du 16 septembre 1871, qui prescrit qu'à dater du 15 octobre 1871, il sera perçu, au profit du Trésor public, une taxe additionnelle de 10 pour 100 sur le prix actuel des places des voyageurs transportés par chemins de fer, par voitures publiques, par bateaux à vapeur et autres consacrés au public ;

Sur le rapport du Ministre de la guerre,

DÉCRÈTE :

Art. 1er. Le tarif n° 1 du décret du 12 juin 1867, susrelaté, est modifié ainsi qu'il suit :

GRADES.	INDEM-NITÉ journa-lière.	INDEMNITÉ DE TRANSPORT			OBSERVAT.
		kilomé-trique sur les voies ferrées. (1)	kilomé-trique en diligence.	fixe par voyage.	
	fr. c.	fr. c.	fr. c.	fr. c.	
Colonel. . . . .) Lieutenant-colonel. . . . . } Chef de bataillon ou d'escadron. . . . .)	5 »	0 031	0 46	5 »	
Capitaine. . . . .) Lieutenant. . . . . } Sous-lieutenant. . . . . . .)	3 »	0 031	0 44	5 »	
Adjudant sous-officier.. . .	3 » (2)	0 023	0 44	»	
Sergent-major ou maréchal des logis chef. . . . . .) Sergent ou maréchal des logis. . . . . }	1 75 (2)	0 047	0 135	»	
Caporal ou brigadier. . . .) Soldat. . . . . }	1 25	0 047	0 135	»	

(1) Voir, pour les hommes de troupe, la note ministérielle du 21 juin 1872, et pour les militaires de la gendarmerie escortant des convois de poudre ou de munitions, la circulaire du 23 décembre 1874.

(2) Art. 31 du décret du 25 décembre 1875.

(4) Décret applicable aux aumôniers de l'armée (Décision présidentielle du 25 septembre 1874).

Art. 2. Le présent décret recevra son exécution à partir du 15 octobre 1871.

Art. 3. Les Ministres de la guerre, de la marine, des affaires étrangères, de l'intérieur, de la justice et des finances, sont chargés, chacun en ce qui le concerne, de l'exécution du présent décret, qui sera inséré au *Bulletin des lois*.

Fait à Versailles, le 12 octobre 1871.

Signé : A. THIERS.

Par le Président de la République :

Le Ministre de la guerre,

Signé : Gal E. DE CISSEY.

Circulaire relative à l'établissement des pièces dont doivent être porteurs les militaires renvoyés à un titre quelconque dans leurs foyers.

Versailles, le 24 octobre 1871.

A MM. les Généraux commandant les divisions militaires.

Général, je suis informé qu'un certain nombre de militaires renvoyés dans leurs foyers ne sont porteurs que d'une simple feuille de route qui n'indique, le plus souvent, ni le motif du renvoi, ni la durée du séjour qu'ils sont autorisés à faire chez eux.

Il en résulte que la gendarmerie est fort embarrassée pour les inscrire sur ses registres, et qu'elle ne peut pas prendre les mesures nécessaires pour leur faire rejoindre leurs corps en temps utile.

Dans l'intérêt du service comme des hommes eux-mêmes, il importe de faire cesser au plus tôt cette irrégularité.

En conséquence, je vous invite à recommander très-sérieusement à tous les chefs de corps de tenir la main à ce qu'il soit procédé dorénavant avec plus de soin à l'établissement des pièces dont doivent être porteurs, aux termes des règlements, les militaires envoyés, à un titre quelconque, dans leurs foyers.

Le Ministre de la guerre,

Signé : Gal E. DE CISSEY.

Circulaire relative aux mandats d'indemnité de transport par diligence à délivrer au point de départ aux militaires ayant droit aux convois.

Versailles, le 1er juin 1872.

A MM. les Intendants militaires des divisions de l'intérieur.

Messieurs, il arrive assez fréquemment que les militaires envoyés en congé de convalescence ne reçoivent pas au départ, pour les fins de parcours à franchir en diligence, l'indemnité fixée pour ce mode de transport, et que les conducteurs de voitures publiques ne consentent à les recevoir que moyennant le paiement immédiat du prix de leur place.

Il en résulte que dans les localités où il n'existe d'autres suppléants de sous-intendant que les maires, ceux-ci n'ayant pas qualité, aux termes de l'article 73 du règlement du 12 juin 1867, pour ordonnancer l'indemnité de route et ne pouvant attendre que l'autorité administrative compétente du lieu le plus voisin ait fait parvenir les mandats d'indemnité nécessaires, prescrivent l'emploi, très-onéreux pour l'Etat, *de voitures à collier suspendues.*

Afin de remédier à cet état de choses, vous voudrez bien donner des ordres pour qu'à l'avenir les fonctionnaires de l'intendance et leurs suppléants légaux à ce autorisés, délivrent, *au point de départ,* aux militaires ayant droit aux convois, des mandats d'indemnité de transport par diligence pour toute fin de parcours à effectuer par terre, en quittant les chemins de fer.

Ces mandats continueront, bien entendu, à n'être délivrés que sur la production d'un certificat de médecin constatant l'impossibilité pour le militaire de faire la route à pied, lequel certificat devra être annexé au mandat d'indemnité kilométrique.

Quant aux militaires dont le droit aux convois serait accidentel, c'est-à-dire résulterait de maladie en route ou des fatigues de la marche, le maire peut toujours, d'après les instructions en vigueur, délivrer un mandat de voiture suspendue, exécutable par les voitures publiques au gré de l'entrepreneur et rémunéré comme demi-fourniture. Toutefois, il ne faut pas perdre de vue que l'emploi de la voiture publique est une faculté pour l'entrepreneur et ne peut lui être imposé par les maires.

Le Ministre de la guerre,

Signé : Gal E. DE CISSEY.

Note ministérielle relative aux billets de place des militaires voyageant par les chemins de fer, et dont le prix excède dix francs.

Versailles, le 24 juin 1872.

Le Ministre de la guerre a décidé, le 21 juin courant, que l'indemnité kilométrique de transport accordée aux sous-officiers et soldats dans les positions prévues par le règlement du 12 juin 1867, sera augmentée, lorsqu'il y aura lieu, du droit de timbre de dix centimes qui, conformément à la loi du 23 août 1871, frappe les billets de place de chemins de fer dont le prix excède dix francs.

Décision ministérielle relative au droit attribué aux commandants en chef des corps d'armée, en ce qui touche les déplacements des officiers à envoyer en mission pour le service dans les limites de ces corps d'armée.

Versailles, le 21 janvier 1873.

En vertu d'une décision du Ministre de la guerre en date du 21 janvier 1873, MM. les commandants en chef des corps d'armée sont autorisés :

1º A envoyer des officiers en mission pour le service, dans les limites de leur commandement, dans toutes les circonstances utiles et dont l'appréciation est laissée aux commandants de corps d'armée ;

2º A faire délivrer aux officiers chargés d'accomplir les missions dont il s'agit des feuilles de route donnant droit à l'indemnité réglementaire de route.

Circulaire établissant le droit à l'indemnité de route des élèves du service de santé militaire.

Versailles, le 20 novembre 1873.

A MM. les Intendants militaires, chefs des services administratifs auprès de MM. les Gouverneurs de Paris et de Lyon; les Intendants militaires des corps d'armées et des divisions territoriales de l'Intérieur et de l'Algérie.

Monsieur l'intendant, j'ai été consulté sur la question de savoir si les élèves du service de santé militaire, qui doivent se diriger sur les facultés ou écoles de médecine, en exécution de la décision présidentielle du 5 octobre 1872, ont droit, pour s'y rendre, à une feuille de route avec indemnité.

Les élèves du service de santé n'étant pas militaires, *en tant qu'élèves,* ne peuvent prétendre à aucune allocation de frais de route, ni même recevoir une feuille de route.

Quant à ceux actuellement sous les drapeaux, il y a lieu de leur faire l'application du numéro d'ordre 38 des positions du tableau A annexé au décret du 12 juin 1867.

Le Ministre de la guerre,

Signé : G^{al} DU BARAIL.

Circulaire interprétant l'article 49 du règlement du 12 juin 1867.

Versailles, le 27 mars 1874.

A MM. les Intendants militaires, chefs des services administratifs auprès de MM. les Gouverneurs militaires de Paris et de Lyon; les Intendants militaires des corps d'armée et des divisions territoriales de l'Intérieur et de l'Algérie.

Monsieur l'intendant, pendant ces dernières années, des mandats d'indemnité de route, en nombre assez considérable, ont été perçus frauduleusement, soit par des sous-officiers ou soldats employés dans les bureaux des sous-intendants militaires chargés du service de marche, soit par des militaires employés en qualité de secrétaires auprès des chefs de corps ou des majors appelés à établir des invitations de feuille de route.

La circulaire du 24 mai 1872, n° 1601, en rappelant les dispositions de l'instruction du 14 octobre 1851, a prescrit aux fonctionnaires de l'intendance de prendre les mesures nécessaires pour prévenir le retour de ces fraudes commises dans leurs bureaux au détriment du Trésor.

Afin de mettre un terme à la présentation trop fréquente des fausses invitations de feuilles de route, vous voudrez bien prescrire aux sous-intendants militaires chargés du service de marche, sous vos ordres, de ne point accepter, à l'avenir, les pièces de cette nature qui n'auraient pas été préalablement soumises à la formalité exigée par le 3e paragraphe de l'article 49 du décret du 12 juin 1867.

Mais ce principe ne pourra recevoir son application rigoureuse que pour les corps ou fractions de corps stationnés dans la résidence même du sous-intendant militaire chargé de leur surveillance administrative et de la tenue des contrôles.

Il doit être entendu, d'ailleurs, que le visa des invitations de feuilles de route par les fonctionnaires ayant la tenue des contrôles, ne sera pas exigé lorsque les corps ou fractions de corps se trouveront *trop éloignés* de la résidence de ces fonctionnaires, pour que cette formalité puisse être remplie sans gêner l'exécution du service de marche.

J'ai décidé que, dans ce cas, des états de mutations, *en ce qui concerne les mouvements*, seront adressés, *journellement*, par tous les corps de la place au sous-intendant militaire chargé du service de marche. Ce fonctionnaire pourra alors exercer un contrôle sérieux, en confrontant le registre de route avec les mutations, et, s'il y a fraude, elle ne pourra se continuer au delà d'un jour ou deux.

Toutefois, la délivrance d'un mandat d'indemnité de route engageant la responsabilité du sous-intendant militaire qui l'émet, il convient de rappeler aux fonctionnaires de l'intendance sous vos ordres, les obligations formelles qui leur sont imposées par le paragraphe numéroté 5° de l'article 12 des observations générales faisant suite au règlement du 3 avril 1869.

Je vous invite à donner des instructions en conséquence, et à veiller à l'exécution des dispositions contenues dans la présente circulaire.

Le Ministre de la guerre,

Signé : G^{al} DU BARAIL.

Circulaire fixant l'indemnité de route à allouer aux aides de camp qui accompagnent les officiers généraux.

Paris, le 11 avril 1874.

À MM. les Gouverneurs militaires de Paris et de Lyon ; les Généraux commandant les corps d'armée ; les Intendants militaires chefs des services administratifs auprès des Gouverneurs militaires de Paris et de Lyon ; les Intendants militaires des corps d'armée et des divisions de l'Intérieur.

Messieurs, j'ai été consulté sur la question de savoir si les aides de camp ou officiers d'ordonnance conservent le droit à l'indemnité de route lorsqu'ils voyagent avec les généraux allant en tournée d'inspection trimestrielle en dehors de leur circonscription territoriale, et jouissant de l'indemnité de déplacement.

J'ai l'honneur de vous informer que cette question doit être résolue affirmativement, excepté, bien entendu, lorsque les généraux qu'ils accompagnent reçoivent l'indemnité extraordinaire de voyage (*position n° 8 du tableau A¹ annexé au décret du 12 juin* 1867).

Le Ministre de la guerre,

Signé : G^{al} DU BARAIL.

Circulaire prescrivant d'allouer l'indemnité kilométrique, en remplacement du convoi en nature, aux anciens militaires admis dans les hôpitaux thermaux.

Versailles, le 10 juin 1874.

A MM. l'intendant militaire chef des services administratifs près M. le Gouverneur militaire de Paris ; les Intendants militaires des corps d'armée de l'intérieur.

Monsieur l'intendant, l'instruction du 28 janvier 1874, relative à l'envoi des anciens militaires aux eaux thermales, par application de la loi du 12 juillet 1873, dispose que : « dans le cas où il « y aurait des parcours ou fins de parcours par les voies de terre, « les anciens militaires recevraient, par les soins des fonctionnaires « de l'intendance militaire ou de leurs suppléants légaux, un man-« dat de convoi (N° 122 de la nomenclature). »

D'après les observations qui m'ont été soumises, j'ai reconnu qu'il est préférable, sous tous les rapports, d'allouer l'indemnité kilométrique de transport par diligence, au lieu du convoi en nature, ainsi que le principe en a été déjà admis pour le trajet final de la Ferté à Bourbonne-les-Bains, effectué par les militaires en activité de service (Note ministérielle du 23 février 1870).

Je vous autorise, en conséquence, à appliquer cette substitution pour tous les parcours ou fins de parcours, par voie de terre, des anciens militaires admis dans les hôpitaux thermaux, et dirigés des divers points du territoire sur les localités où ils sont situés (1).

Le Vice-Président du Conseil,
Ministre de la guerre,

Signé : Gal E. DE CISSEY.

Règlement général pour les transports militaires par chemins de fer.

Versailles, le 1er juillet 1874.

. . . .

ART. 23.

Isolés en dehors de la direction indiquée sur leur feuille de route ou ayant perdu leur feuille de route.

« Si des militaires isolés se trouvent en dehors de la direction « indiquée sur leur feuille de route, par suite d'une erreur com-

---

(1) Voir, pour la régularisation de la dépense, la circulaire du 4 juillet 1874.

« mise par eux de bonne foi, que le commissaire et le chef de gare
« apprécient, la compagnie les remet gratuitement à l'embranche-
« ment où l'erreur a été commise, ainsi qu'elle le fait pour les
« voyageurs civils, et le commissaire constate l'incident par une
« annotation sur la feuille de route, afin d'expliquer le retard qui
« pourrait résulter du changement de direction.

« Si cette situation provient du fait intentionnel de l'homme, ou
« si le militaire déclare ne pas avoir l'argent nécessaire pour vivre
« et voyager jusqu'à destination, le commissaire le remet, après
« examen, entre les mains de la gendarmerie ou de l'autorité mi-
« litaire locale.

« Dans le cas où le militaire déclare au commissaire de surveil-
« lance avoir perdu sa feuille de route, celui-ci le remet, comme
« il a été dit plus haut, entre les mains de l'autorité militaire, à
« moins que, d'après les résultats de l'examen auquel il s'est livré,
« il ne juge préférable de lui délivrer un sauf-conduit, valable
« jusqu'à la résidence du sous-intendant militaire le plus voisin,
« dans la direction que le militaire déclare avoir à suivre. »

. . . .

---

*Circulaire relative à la régularisation de l'indemnité kilomé-
trique de transport par diligence, allouée aux anciens militaires admis dans les hôpitaux thermaux.*

Versailles, le 4 juillet 1874.

A MM. l'Intendant militaire, chef des services administratifs près
de M. le Gouverneur militaire de Paris ; les Intendants militaires
des corps d'armée de l'intérieur.

Monsieur l'intendant, ma circulaire du 10 juin dernier a autorisé l'allocation aux anciens militaires, admis dans les hôpitaux
thermaux, de l'indemnité kilométrique de transport par diligence,
en remplacement du convoi en nature.

Pour la régularisation de cette dépense, qui sera imputée sur
les crédits du chapitre VI, 4e partie, article 1er (convois militaires),
les mandats d'indemnité seront mis à l'appui des rapports de liquidation établis sur la formule no 128 de la nomenclature (dépenses
diverses). Ces rapports, ainsi que les mandats d'indemnité qui les
accompagneront, devront porter en tête : *Fonds spécial*, et m'être
adressés (bureau des transports généraux, etc.).

Le Vice-Président du Conseil,
Ministre de la guerre,
Signé : Gal E. DE CISSEY.

Circulaire fixant les allocations dues aux militaires de la gendarmerie appelés en témoignage devant les tribunaux civils.

Versailles, le 7 septembre 1874.

A MM. les Intendants militaires chefs des services administratifs auprès de MM. les Gouverneurs militaires de Paris et de Lyon ; les Intendants militaires des corps d'armée de l'intérieur et des divisions territoriales de l'Algérie.

Monsieur l'intendant, M. le garde des sceaux, Ministre de la justice, m'a fait connaître que les sous-officiers, brigadiers et gendarmes, appelés en témoignage devant les tribunaux civils, ont droit, sur les fonds de son département, aux indemnités allouées aux témoins ordinaires, c'est-à-dire qu'ils reçoivent la taxe de comparution déterminée par l'article 27 du décret du 18 juin 1811, s'ils sont entendus dans le lieu de leur résidence ou dans un rayon de dix kilomètres, et, qu'au delà de cette distance, ils touchent des frais de voyage calculés à raison de 1 fr. ou 1 fr. 50 par myriamètre, selon qu'ils comparaissent ou non dans l'arrondissement.

M. le garde des sceaux ajoute qu'indépendamment des taxes qui leur sont allouées, tant pour l'aller que pour le retour, par l'autorité judiciaire, les militaires de la gendarmerie touchent, dans certains départements, notamment en Corse, des frais de route pour l'aller, sur les fonds du budget de la guerre.

Ce cumul n'est nullement autorisé par le décret du 12 juin 1867 sur les frais de route des militaires isolés, ni par celui du 18 février 1863 portant règlement sur la solde de la gendarmerie.

Afin de mettre un terme à un pareil abus qui est préjudiciable aux intérêts de l'Etat, j'ai décidé, d'accord avec M. le Ministre de la justice, qu'il sera fait, à l'avenir, aux militaires de la gendarmerie, application du n° d'ordre 26 des positions du tableau A annexé au décret précité du 12 juin 1867, c'est-à-dire que ces militaires devront être exclusivement indemnisés de leurs frais de voyage, d'aller et retour, par les soins de *l'autorité militaire*, sauf remboursement ultérieur par le Ministère de la justice et à la charge par les ordonnateurs d'informer, en temps opportun, les parquets des paiements effectués.

L'autorité judiciaire continuera, bien entendu, à leur faire payer le taxe de comparution accordée aux témoins ordinaires par le décret susvisé de 1811.

Je vous invite à donner immédiatement des instructions en conséquence aux fonctionnaires de l'intendance militaire, ainsi qu'à leurs suppléants légaux sous vos ordres, et à tenir rigoureusement la main à l'exécution de ces dispositions (1).

---

(1) Voir la circulaire du 11 décembre 1874.

Vous voudrez bien m'accuser réception de la présente circulaire.

Le Vice-Président du Conseil,
Ministre de la guerre,

Signé : Gal E. DE CISSEY.

Circulaire fixant les allocations dues aux militaires de la gendarmerie appelés en témoignage devant les tribunaux civils.

Versailles, le 11 décembre 1874.

A MM. les Gouverneurs militaires de Paris et de Lyon ; le Gouverneur général civil de l'Algérie ; les Généraux commandant les corps d'armée de l'intérieur et les divisions de l'Algérie ; les Intendants militaires auprès des Gouverneurs militaires de Paris et de Lyon ; les Intendants militaires des corps d'armée de l'intérieur et des divisions de l'Algérie ; les Chefs de légion et les Commandants de compagnie de gendarmerie.

Messieurs, quelques questions m'ont été adressées au sujet de l'application de ma circulaire du 7 septembre dernier, concernant les allocations à accorder aux militaires de la gendarmerie appelés en témoignage devant les tribunaux civils.

Afin de faire cesser toute incertitude sur ce point, il importe d'appeler l'attention des fonctionnaires de l'intendance militaire et de leurs suppléants légaux sur la complète exécution des prescriptions réglementaires.

Aux termes de l'article 2 du décret du 7 avril 1813, qui a modifié celui du 18 juin 1811, la taxe de comparution n'est applicable qu'au cas où les témoins ne résident pas à plus d'un myriamètre du lieu où ils sont entendus, et elle ne se cumule jamais avec l'indemnité de voyage. Ma circulaire précitée du 7 septembre dernier, concertée entre mon département et celui de la justice, n'a rien changé à ces dispositions ; elle a pris soin seulement de rappeler qu'au cas où les gendarmes seraient entendus dans le lieu de leur résidence ou dans un rayon de dix kilomètres, la taxe de comparution continuerait à leur être payée sur le crédit des frais de justice et par les soins de l'autorité judiciaire.

En ce qui concerne l'indemnité de route, l'article 14 du décret du 12 juin 1867 porte :

« L'indemnité kilométrique est allouée, *quelle que soit la distance :*

« *Aux officiers.* — A raison du nombre de kilomètres à parcourir « du point de départ jusqu'à destination, tant sur les chemins de « fer que sur les routes ordinaires ;

« *Aux sous-officiers et soldats.* — Comme ci-dessus, mais sur les

12

« chemins de fer seulement, *saus les réserves spécifiées à l'article* 8
« *du même décret.* »

Or, d'après ce dernier article, les sous-officiers et soldats sont transportés en diligence sur les routes ordinaires, dans les cas suivants :

« 1º Lorsqu'ils voyagent *d'urgence* d'après l'ordre d'un officier
« général ou d'un intendant militaire ;

« 2º *Lorsqu'ils sont assignés comme témoins devant les tribunaux*
« *civils ou militaires, etc.* »

D'un autre côté, le voyage par étapes offre de tels inconvénients qu'il doit toujours être évité pour les militaires de la gendarmerie appelés en témoignage ; et il convient d'accorder à ces derniers l'indemnité de transport en diligence lorsque la distance à parcourir, pour se rendre de leur résidence au lieu où ils doivent être entendus, dépasse un myriamètre, et que le trajet (aller et retour) ne peut s'effectuer par les voies ferrées.

Dans ce cas, de même que lorsque l'indemnité kilométrique en chemin de fer est allouée pour l'aller, le paiement de l'indemnité de route et de l'indemnité journalière que reçoivent les gendarmes appelés en témoignage doit toujours être mentionné sur la cédule ou sur l'ordre de convocation, afin que les parquets en soient informés.

Les indemnités de route pour le retour doivent être allouées par rappel, ainsi que l'indemnité de séjour, quand il y a lieu, conformément au deuxième paragraphe de l'article 19 du décret susvisé du 12 juin 1867.

Je vous prie de vouloir bien, chacun en ce qui vous concerne, assurer l'exécution de ces dispositions.

Le Vice-Président du Conseil,
Ministre de la guerre,
Signé : Gal E. DE CISSEY.

Circulaire portant que les militaires de la gendarmerie qui escortent des convois de poudres ou de munitions doivent recevoir l'indemnité journalière, à l'exclusion de l'indemnité kilométrique.

Versailles, le 23 décembre 1874.

A MM. les Intendants militaires auprès des Gouverneurs de Paris et de Lyon ; les Intendants militaires des corps d'armée ; les Chefs de légion et les Commandants de compagnie de gendarmerie.

Messieurs, aux termes de l'article 46 du traité sur les transports généraux de la guerre, en date du 10 février 1868, prorogé jusqu'au

31 décembre 1876, les militaires ou employés militaires escortant des convois de poudre ou de munitions jouissent, à l'aller et au retour, de la gratuité du transport sur les chemins de fer et bateaux seulement.

Il en résulte que les militaires ou employés militaires dans la position dont il s'agit n'ont droit qu'à l'indemnité journalière pour le voyage, et à l'indemnité de séjour quand il y a lieu. Cette disposition est applicable aussi bien aux militaires de la gendarmerie qu'à ceux des autres armes.

Cependant, je suis informé que des compagnies de gendarmerie allouent, dans ce cas, l'indemnité de service extraordinaire prévue au tableau n° 14 (*Tarif du 22 février* 1873), et que d'autres, au contraire, accordent, pour le même cas, l'indemnité journalière.

Il n'est pas équitable de ne payer à un gendarme qu'une indemnité de 1 franc au titre du service extraordinaire, tandis que, dans la même position, et pour l'exécution du même service, un autre militaire reçoit l'indemnité journalière de 1 fr. 25 cent.

Afin de sauvegarder les intérêts des militaires de la gendarmerie, et, en même temps, pour prévenir le retour de doubles emplois qui se sont produits assez fréquemment, par suite des diverses allocations faites à ces militaires, lorsqu'ils escortent des convois de poudre ou de munitions, il convient de les traiter, dans toutes les compagnies, d'une manière uniforme.

En conséquence, les militaires de la gendarmerie, dans cette position, devront recevoir l'indemnité journalière et, quand il y aura lieu, l'indemnité de séjour, conformément au tarif n° 1, modifié, du décret du 12 juin 1867.

Il est bien entendu que les gendarmes auxquels est allouée l'indemnité journalière, pour ce motif, ne devront jamais recevoir, pour le même déplacement, l'indemnité de service extraordinaire.

Veuillez assurer, en ce qui vous concerne, la stricte exécution de ces dispositions (1).

Le Vice-Président du Conseil,
Ministre de la guerre,
Signé : Gal E. DE CISSEY.

Note ministérielle relative à l'indemnité de route que doivent recevoir les militaires renvoyés dans leurs foyers.

Versailles, le 26 avril 1875.

Aux termes d'une décision ministérielle, en date du 8 février 1868, les militaires libérés qui, dans des cas exceptionnels, son

---

(1) Voir la circulaire du 17 septembre 1875.

autorisés par les généraux de division à se retirer dans un lieu autre que leur dernier domicile, doivent recevoir l'indemnité de route jusqu'à destination. Mais le montant du décompte qui leur est payé au point de départ ne peut, en aucun cas, excéder l'indemnité qui devrait leur être allouée pour se rendre au dernier domicile ; le complément ne doit leur être payé qu'après l'arrivée à destination et par voie de rappel.

Aujourd'hui, sous l'empire de la loi du 27 juillet 1872, sur le recrutement de l'armée, les militaires quittant le service n'ont plus à obtenir d'autorisation pour se rendre dans un lieu autre que leur dernier domicile, et pour choisir le lieu où ils veulent se retirer, ils ne sont plus tenus qu'à en faire la déclaration.

Dans ces conditions, et en présence du chiffre élevé des hommes qui sont renvoyés annuellement dans leurs foyers, le Ministre a décidé, le 26 avril 1875, qu'il n'y a pas lieu de maintenir la décision ministérielle du 8 février 1868, décision qui, d'après sa teneur même, ne devait modifier que dans des cas exceptionnels les dispositions prescrites par le dernier alinéa de l'article 72 du décret du 12 juin 1867, sur le service des frais de route.

En conséquence, les militaires renvoyés par ordre dans leurs foyers devront recevoir l'indemnité de route pour se rendre jusqu'au lieu où ils auront déclaré vouloir se retirer, si ce lieu n'est pas plus éloigné du point de départ que le dernier domicile inscrit en tête de leur livret.—Dans le cas contraire, l'indemnité de route sera décomptée comme si les hommes devaient rejoindre leur dernier domicile, mais la feuille de route fera toujours connaître exactement, bien entendu, comme point de destination, le lieu où ils auront déclaré vouloir se retirer.

Décision présidentielle modifiant le décret du 12 juin 1867, sur les frais de route des militaires isolés, en ce qui concerne les numéros d'ordre 5 et 54 des positions du tableau A annexé audit décret.

Paris, le 3 mai 1875.

Par décision du Président de la République, en date du 3 mai 1875, le n° d'ordre 54 des positions du tableau A, annexé au décret du 12 juin 1867, et les observations qui y sont relatives, ainsi que les observations du n° d'ordre 5 des positions du même tableau, sont et demeurent abrogées.

En conséquence de cette décision, et conformément au n° d'ordre 5 précité, ainsi modifié, les officiers, sous-officiers et soldats, allant en congé en attendant la liquidation d'une pension de retraite, recevront, à l'avenir, au moment de leur départ, l'indemnité de route pour se rendre dans leurs foyers.

Circulaire fixant l'indemnité journalière à allouer aux gendarmes qui escortent des convois de poudres ou de munitions.

Versailles, le 17 septembre 1875.

A **MM.** les Intendants militaires des gouvernements militaires de Paris et de Lyon ; les Intendants militaires des corps d'armée ; les Chefs de légion et les Commandants de compagnie de gendarmerie.

Monsieur l'Intendant, j'ai été consulté sur la question de savoir si l'indemnité journalière de 1 fr. 25 c. doit être accordée, pour tout trajet quel qu'il soit, aux militaires de la gendarmerie qui escortent des convois de poudres ou de munitions.

J'ai l'honneur de vous informer que ladite indemnité journalière accordée aux gendarmes, pour des déplacements de cette nature, en vertu de la circulaire du 23 décembre 1874, étant substituée à l'indemnité de service extraordinaire, doit être allouée seulement dans les conditions exigées pour avoir droit à cette dernière indemnité, c'est-à-dire lorsque le service fait a occasionné une absence de douze heures au moins hors de la résidence (*Art.* 132, § *numéroté* 2, *du décret du* 18 *février* 1863, *portant règlement sur la solde de la gendarmerie*).

Toutefois, cette allocation est due, pour le service dont il s'agit, aux gendarmes qui, par suite de circonstances dûment constatées, ont passé au moins douze heures, tant pour le trajet que pour la garde du convoi de poudre dans les gares.

Le Ministre de la guerre,

Signé : Gal E. DE CISSEY.

Décision présidentielle fixant la correspondance de grade des fonctionnaires et employés du service de la télégraphie militaire, pour le droit aux indemnités de transport et de route.

Paris, le 15 octobre 1875.

RAPPORT AU PRÉSIDENT DE LA RÉPUBLIQUE FRANÇAISE.

Monsieur le Président,

Aux termes de l'article 35 du règlement général sur la télégraphie militaire, annexé au décret du 19 novembre 1874, le personnel de ce service n'a aucune assimilation de grade, et le renvoi (a) du tableau B, faisant suite à ce règlement, indique que « les indem- « nités de transport et de route sont réglées d'après les tarifs en « vigueur et en raison des allocations journalières du supplément « de solde portées audit tableau. »

Il ne semble exister aucun rapport entre les suppléments prévus au tableau B et ceux alloués aux troupes par les tarifs en vigueur. Cependant il convient de déterminer une correspondance de grade pour établir le droit aux indemnités de transport et de route des fonctionnaires et employés du service de la télégraphie militaire.

Les tarifs des indemnités de route ne comprennent que la no- menclature des grades militaires (article 33 du règlement du 12 juin 1867), mais ils s'appliquent aux fonctionnaires, employés ou autres, en raison de l'assimilation qui a été établie pour le droit aux indemnités par le tableau B, appendice auxdits tarifs.

En conséquence, j'ai l'honneur de soumettre à votre approbation la correspondance de grade qu'il y a lieu d'affecter, en ce qui con- cerne le droit aux indemnités de transport et de route, aux divers emplois du service télégraphique de l'armée et qui devra figurer à la 1re partie — Guerre — du tableau B annexé au règlement pré- cité du 12 juin 1867, savoir :

1° *Fonctionnaires et employés militaires ou autres traités comme officiers.*

TÉLÉGRAPHIE MILITAIRE.	Directeur de la télégraphie..... Chef de service..........	} Officier [supérieur.
	Chef de section.......... Chef de poste..........	} Officier inférieur.

2° *Employés militaires, gagistes, etc., traités comme sous-officiers ou soldats.*

TÉLÉGRAPHIE MILITAIRE.	Télégraphiste.............	Sergent.
	Ouvrier..............	Soldat.

Veuillez agréer, Monsieur le Président, l'hommage de mon res- pectueux dévouement.

Le Ministre de la guerre,

Signé : Gal E. DE CISSEY.

APPROUVÉ :

Le Président de la République,

Signé : M^{al} DE MAC-MAHON.

Circulaire portant que l'indemnité de route est acquise aux hommes de la réserve de l'armée active et de l'armée territoriale reconnus impropres au service par la commission spéciale de réforme.

Versailles, le 24 janvier 1876.

A MM. les Gouverneurs militaires de Paris et de Lyon ; le Gouverneur général civil de l'Algérie ; les Généraux commandant les corps d'armée ; les Intendants militaires des gouvernements militaires de Paris et de Lyon, des corps d'armée de l'intérieur et des divisions militaires de l'Algérie.

Messieurs, j'ai été consulté sur la question de savoir si l'indemnité de route est acquise aux hommes de la disponibilité de l'armée active, ou disponibles dans leurs foyers, à ceux de la réserve et de l'armée territoriale, qui, aux termes de l'article 26 de l'instruction du 6 novembre 1875, relative à la délivrance des congés de réforme, doivent, s'ils deviennent impropres au service, demander à comparaître et être convoqués devant la commission spéciale de réforme.

J'ai l'honneur de vous informer que cette question doit être résolue par l'affirmative, mais seulement pour ceux de ces militaires qui auront été réellement reconnus impropres au service par ladite commission de réforme, et qui recevront, dès lors, l'indemnité de route tant pour l'aller que pour le retour.

Le Ministre de la guerre,

Signé : Gal E. DE CISSEY.

Circulaire allouant l'indemnité de route aux officiers de toutes armes de réserve de l'armée active, qui sont appelés à faire un stage dans les régiments.

Versailles, le 2 mars 1876.

A MM. les Gouverneurs militaires de Paris et de Lyon ; le Gouverneur général civil de l'Algérie ; les Généraux commandant les corps d'armée ; les Intendants militaires des gouvernements militaires de Paris et de Lyon et des corps d'armée de l'intérieur.

Messieurs, par circulaire du 26 octobre 1875 j'ai décidé que les officiers de réserve de l'armée active appartenant à l'arme de l'artillerie, qui auront été autorisés à faire un stage dans les régiments auxquels ils ont été affectés, recevront, pour les journées effectives de présence au corps, les prestations afférentes aux officiers réguliers de leur grade et de leur classe dans le grade.

Comme complément de cette mesure, j'ai décidé, le 26 février dernier, que les officiers dont il s'agit toucheront, tant pour l'aller du lieu de leur résidence légale que pour le retour, et lorsqu'ils en feront la demande, l'indemnité de route déterminée par le tarif nº 1 du décret du 12 juin 1867, modifié par celui du 12 octobre 1871.

Cette dernière décision est également applicable aux officiers de réserve de toutes armes appelés à servir dans les mêmes conditions ou à l'occasion des grandes manœuvres.

Veuillez assurer, en ce qui vous concerne, l'exécution de ces dispositions (1).

Le Ministre de la guerre,

Signé : Gal E. DE CISSEY.

Circulaire accordant l'indemnité de route aux officiers de réserve de toutes armes, admis à faire un stage volontaire dans les régiments.

Versailles, le 14 juin 1876.

A MM. les Gouverneurs militaires de Paris et de Lyon ; le Gouverneur général civil de l'Algérie; les Généraux commandant les corps d'armée ; les Intendants militaires des gouvernements militaires de Paris et de Lyon ; les Intendants militaires des corps d'armée.

Messieurs, j'ai été consulté sur l'interprétation qu'il convient de donner aux dispositions des deux circulaires des 2 mars 1876 (*Direction générale du Contrôle, etc., Bureau de la Solde*) et 6 mai dernier (*État-major général, 3e Bureau*), en ce qui concerne le droit à l'indemnité de route des officiers de réserve autorisés à faire leur stage, en dehors des convocations pour les grandes manœuvres.

La circulaire du 2 mars a fait connaître que ma décision du 26 février 1876, accordant l'allocation de l'indemnité de route aux officiers de réserve de l'arme de l'artillerie, autorisés à faire un stage dans les régiments auxquels ils ont été affectés, était également applicable aux officiers de toutes armes admis à servir dans les mêmes conditions ou à l'occasion des grandes manœuvres.

La circulaire du 6 mai dispose que les officiers de réserve de l'infanterie et de la cavalerie seront convoqués pour la durée des grandes manœuvres, et que ces officiers auront droit à la solde et aux prestations afférentes aux officiers de leur grade de l'armée active ; qu'en outre, ils recevront, en vertu de ma décision précitée du 26 février, tant pour l'aller que pour le retour, l'indemnité de

---

(1) Voir la circulaire du 14 juin 1876.

route déterminée par le tarif n° 1 du décret du 12 juin 1867, modifié par celui du 12 octobre 1871.

Cette circulaire du 6 mai spécifie qu'en dehors de leur service obligatoire pendant les grandes manœuvres, lesdits officiers de réserve de l'infanterie et de la cavalerie pourront être autorisés à faire un stage volontaire dans le régiment auquel chacun d'eux est affecté, et que, dans ce cas, ces officiers n'auront droit à aucune solde.

Cette dernière disposition ne saurait abroger le dernier paragraphe de la circulaire précitée du 2 mars, attendu que l'indemnité de route est tout à fait distincte de la solde, avec laquelle elle ne saurait se confondre.

En conséquence, les officiers de réserve de l'infanterie et de la cavalerie, autorisés à faire un stage dans les régiments en dehors de la période des grandes manœuvres, n'ont pas droit à la solde ni aux prestations payables comme la solde ; mais ils doivent recevoir, s'ils en font la demande, l'indemnité de route, tant pour l'aller que pour le retour.

Le Ministre de la guerre,

Signé : Gal E. DE CISSEY.

Circulaire relative à la régularisation des frais de route
des militaires de l'armée territoriale.

Versailles, le 29 juin 1876.

A MM. les Gouverneurs militaires de Paris et de Lyon ; le Gouverneur général civil de l'Algérie ; les Généraux commandant les corps d'armée ; les Intendants militaires des gouvernements militaires de Paris et de Lyon ; les Intendants militaires des corps d'armée ; les Sous-Intendants militaires.

Messieurs, j'ai été consulté sur la question de savoir comment seront régularisés les frais de route des militaires de l'armée territoriale.

J'ai l'honneur de vous informer que cette régularisation devra se faire :

1° Au titre de la première section, conformément au renvoi de l'article 96 du décret du 12 juin 1867, pour les frais de route des officiers et sous-officiers appartenant au personnel administratif permanent des bureaux de recrutement, dont la composition est déterminée au tableau I annexé à la loi constitutive des cadres, du 13 mars 1875 ;

2° Au titre de la quatrième section, pour les frais de route alloués en temps de paix, dans des cas exceptionnels, et en vertu de

décisions spéciales, aux officiers de toutes armes de l'armée territoriale, soit pour se rendre aux revues d'appel, soit pour l'exécution de travaux nécessitant des déplacements auxquels ils sont
astreints ;

3° En cas de mobilisation, les paiements d'indemnité de route
effectués aux militaires de tous grades appartenant à l'armée territoriale, seront justifiés par des feuilles de régularisation trimes-
trielles, établies conformément aux prescriptions de l'article 143
du décret précité du 12 juin 1867.

Je vous prie de vouloir bien donner les ordres nécessaires pour
l'exécution de ces dispositions.

Le Ministre de la guerre,

Signé : Gal E. DE CISSEY.

*Décision présidentielle qui modifie l'article 114 du décret du
12 juin 1867, en ce qui concerne la régularisation des mandats collectifs d'indemnité de route.*

Versailles, le 30 juin 1876.

RAPPORT AU PRÉSIDENT DE LA RÉPUBLIQUE FRANÇAISE.

Monsieur le Président,

L'article 114 du décret du 12 juin 1867, sur les frais de route
des militaires isolés, est ainsi conçu : « Les feuilles de régularisa-
« tion sont ouvertes le premier jour de chaque trimestre. Les mi-
« litaires et les employés militaires voyageant avec l'indemnité de
« route y sont inscrits successivement et sans égard à l'ordre hié-
« rarchique des grades, à la réception du premier relevé som-
« maire qui les concerne.

« Les paiements que relatent les relevés sommaires et les man-
« dats qui y sont annexés ne sont portés sur la feuille de régula-
« risation qu'à l'époque de la clôture de cette feuille ; ils sont alors
« totalisés séparément pour chaque individu et sont enregistrés en
« une seule somme à son article particulier. »

Par application des dispositions de l'article 81 du même décret,
les réservistes et disponibles et les hommes de la 2° portion
du contingent, ainsi que les militaires de l'armée territoriale appelés à l'activité et qui rejoignent directement le dépôt de leur
corps, sont payés par les soins de ce corps de l'indemnité de route
qui leur est acquise. Ces rappels ont lieu sur un état collectif
dressé en double expédition par le conseil d'administration et
mandaté par le sous-intendant militaire. L'une des expéditions est
remise au payeur et renvoyée, après paiement, par ce fonctionnaire, au sous-intendant militaire, avec l'état mensuel de rem-

boursement ; l'autre expédition reste annexée au registre de route de l'ordonnateur. L'état nominatif rendu par le payeur est communiqué au corps qui l'a établi, pour être compris, conformément à l'article 114 susvisé, dans une feuille de régularisation trimestrielle également nominative, de sorte que cette feuille n'est que la reproduction dudit état nominatif et que les deux expéditions de cet état restent finalement dans les archives des fonctionnaires de l'intendance.

Le report sur les feuilles de régularisation de plusieurs centaines de noms, et, en cas de mobilisation, de plusieurs milliers de noms de militaires ayant fait la même mutation, constitue un travail considérable, qui met les corps dans l'obligation d'adjoindre aux comptables des secrétaires spéciaux chargés de l'établissement des feuilles de régularisation.

Dans le but de simplifier ce travail, j'ai pensé qu'il y aurait lieu d'adopter un mode sommaire de régularisation pour tous les mandats collectifs concernant l'appel ou le renvoi des classes, sauf à joindre l'une des deux expéditions de ces mandats aux feuilles de régularisation.

En conséquence, j'ai l'honneur de vous proposer de décider qu'à l'avenir, et par modifications à l'article 114 précité du décret du 12 juin 1867, les mandats collectifs d'indemnité de route, modèles n°s 3, 4 *bis* et 5, seront inscrits en une seule ligne sur les feuilles de régularisation et annexés à ces feuilles.

Veuillez agréer, Monsieur le Président, l'hommage de mon respectueux dévouement.

Le Ministre de la guerre,

Signé : Gal E. DE CISSEY.

APPROUVÉ :

Le Président de la République,

Signé : M^al DE MAC-MAHON.

Décret modifiant les dispositions qui régissent le service des frais de route.

Versailles, le 18 juillet 1876.

LE PRÉSIDENT DE LA RÉPUBLIQUE FRANÇAISE,

Vu le décret du 12 juin 1867, portant règlement sur le service des frais de route des militaires isolés ;

Vu les décrets des 11 janvier 1868, 19 mai 1869, 12 octobre 1871, 3 mai 1875, la décision présidentielle du 15 octobre 1875 et le décret du 25 décembre 1875, apportant certaines modifications audit règlement ;

Vu l'ordonnance du 25 décembre 1837, portant règlement sur le service de la solde et des revues ;

Vu la loi du 18 novembre 1875, ayant pour objet de coordonner, avec le Code de justice militaire, les lois des 27 juillet 1872, sur le recrutement, 24 juillet 1873, sur l'organisation de l'armée, et 13 mars 1875, sur les cadres ;

Sur le rapport du Ministre de la guerre,

DÉCRÈTE :

Art. 1er. L'indemnité de route ne sera plus désormais acquise qu'aux disponibles et réservistes de l'armée active, ainsi qu'aux hommes de l'armée territoriale qui auront à franchir plus de 24 kilomètres, tant sur les chemins de fer que sur les routes ordinaires.

Cette mesure est applicable aux jeunes soldats de la première et de la deuxième portion du contingent appelés à l'activité.

Art. 2. Le taux de l'indemnité journalière à accorder à tout disponible, réserviste ou homme de l'armée territoriale, quel que soit son grade, est invariablement fixé à 1 fr. 25 cent., depuis le jour où il quitte sa résidence légale jusqu'au jour inclus de son arrivée au corps auquel il est affecté, ou de son embarquement pour l'Algérie.

Art. 3. Par modification aux prescriptions de l'article 23 de l'ordonnance du 25 décembre 1837, la même indemnité journalière de 1 fr. 25 cent. est allouée, à l'exclusion de la solde, du pain et de la viande, pour la journée de leur arrivée, aux disponibles, réservistes, ainsi qu'aux hommes de l'armée territoriale, qui rejoignent directement leur corps, et qui, ayant à franchir une distance de 24 kilomètres et au-dessous, n'ont pas droit à l'indemnité de route.

Art. 4. L'indemnité journalière de route de 1 fr. 25 cent., payée sur les fonds de l'indemnité de route, est acquise à tous les disponibles et réservistes, ainsi qu'aux hommes de l'armée territoriale, même formés en détachements, à l'exclusion des prestations de solde, de pain et de viande, pour se rendre du bureau de recrutement ou du chef-lieu de circonscription de réquisition à leur corps.

La même règle est applicable aux cadres de conduite envoyés par les corps aux bureaux de recrutement pour y chercher leurs réservistes, ou aux chefs-lieux de circonscription pour y prendre les animaux requis.

Néanmoins, les dispositions du décret du 12 juin 1867 continueront d'être applicables aux officiers de réserve de l'armée active, ainsi qu'aux officiers de l'armée territoriale, en cas d'appel à l'activité ou de mobilisation.

Art. 5. Les chefs de corps, les commandants des dépôts, les commandants des diverses écoles militaires et les commandants des bureaux de recrutement, ainsi que les autres autorités militaires auxquelles le Ministre de la guerre croira devoir concéder ultérieurement la même faculté, sont autorisés, *en cas de mobilisation*, à délivrer, sous leur responsabilité, pour tenir lieu de feuilles de route, des ordres de mouvement rapides détachés d'un registre à souche, imprimés sur du papier de couleur distincte et contenant des bons de chemins de fer (modèles nᵒˢ 1 et 2).

La même faculté leur est accordée dans les circonstances urgentes du service, mais à la charge d'y joindre l'ordre du Ministre ou du commandant du corps d'armée qui a prescrit le mouvement.

Art. 6. Le Ministre de la guerre est chargé de l'exécution du présent décret, qui sera inséré au *Bulletin des lois*.

Fait à Versailles, le 18 juillet 1876.

Signé : Mᵃˡ DE MAC-MAHON.

Par le Président de la République :

Le Ministre de la guerre,

Signé : Gᵃˡ E. DE CISSEY.

RÉGIMENT d

TALON
DE L'ORDRE DE MOUVEMENT RAPIDE,
DE CORPS OU DE DÉTACHEMENT

RÉGIMENT

AVIS

DÉLIVRANCE D'UN ORDRE DE MOUVEMENT RAPIDE

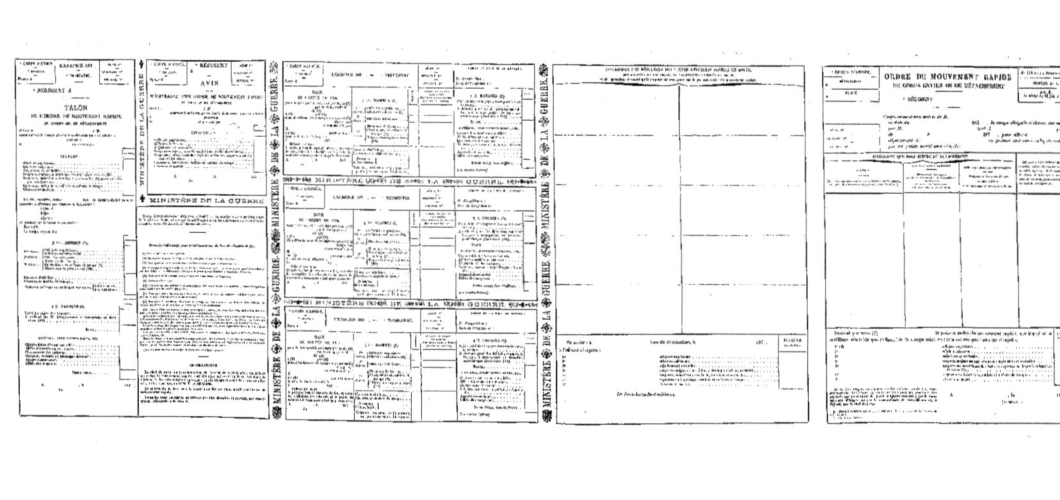

ORDRE DE MOUVEMENT RAPIDE
DE CORPS ENTIER OU DE DÉTACHEMENT

RÉGIMENT

TABLEAU FORMANT LA FEUILLE DE JOURNÉES, PRÉSENTANT :

TABLEAU PRÉSENTANT LES MUTATIONS DES HOMMES ET DES CHEVAUX
survenues pendant au cours de la route.
(Les mutations seront indiquées d'un intérêt d'avancement).

MUTATIONS SURVENUES PENDANT LA ROUTE.

NATURE ET MOTIFS DES MUTATIONS.

L'Agent du train de fer,   Le Chef du détachement.

MINISTÈRE ✱ DE ✱ LA ✱ GUERRE ✱

MUTATIONS SURVENUES PENDANT LA ROUTE.

L'Agent du chemin de fer,   Le Chef du détachement.

MINISTÈRE ✱ DE ✱ LA ✱ GUERRE ✱

MUTATIONS SURVENUES PENDANT LA ROUTE.

NATURE ET MOTIFS DES MUTATIONS.

L'Agent du chemin de fer,   Le Chef du détachement.

MINISTÈRE DE LA GUERRE

ORDRE DE MOUVEMENT RAPIDE
DE MILITAIRE ISOLÉ
DÉLIVRÉ A :

N° 124 DE LA NOMENCLATURE.

Série
Registre
Feuillet

Modèle n° 9.
Article 5 du décret du 18 juillet 1876.

Corps d'armée.
Division.
Place de

Nom
Prénoms
Grade

Corps.
* bataillon.
* escadron.
* compagnie.
* batterie.

Mutation.

Partant de le 18 , pour se rendre
à département d en passant par
Ce aura droit au logement.
Il a reçu pour ses parcours successifs :
1° bons de chemin de fer, savoir :
au titre de la compagnie de 1 bon pour se rendre de à
au titre de la compagnie de 1 bon pour se rendre de à
au titre de la compagnie de 1 bon pour se rendre de à
TOTAL

2° la somme de
pour indemnité de route, savoir :
pour journées de route donnant droit à l'indemnité journalière
pour distances d'étapes franchies de à
pour séjours en route.

Indemnité fixe de transport.
Somme à payer.

SIGNATURE DU TITULAIRE de la feuille de route.

Délivré par nous (1)
le présent ordre de mouvement rapide.

Le 18 .

Dates arrivée à destination
le 19

(1) (Grade) commandant le régiment de ou le bureau de recrutement.

MINISTÈRE DE LA GUERRE

CHEMIN DE FER D
Bon pour un billet de * classe, pour le parcours
de
délivré à
au
A le 18
Le
Série
Registre
Feuillet
NOTA. — Ce bon ne doit être détaché qu'à la gare par l'employé du guichet.

MINISTÈRE DE LA GUERRE

CHEMIN DE FER D
Bon pour un billet de * classe, pour le parcours
de
délivré à
au
A le 18
Le
Série
Registre
Feuillet
NOTA. — Ce bon ne doit être détaché qu'à la gare par l'employé du guichet.

MINISTÈRE DE LA GUERRE

CHEMIN DE FER D
Bon pour un billet de * classe, pour le parcours
de
délivré à
au
A le 18
Le
Série
Registre
Feuillet
NOTA. — Ce bon ne doit être détaché qu'à la gare par l'employé du guichet.

MINISTÈRE DE LA GUERRE

CHEMIN DE FER D
Bon pour un billet de * classe, pour le parcours
de
délivré à
au
A le 18
Le
Série
Registre
Feuillet
NOTA. — Ce bon ne doit être détaché qu'à la gare par l'employé du guichet.

Corps d'armée.
Division.
Place de

Série
Registre
Feuillet

AVIS.
de délivrance d'ordre de mouvement rapide de militaire isolé, délivré à

Corps.
Bataillon.
Escadron.
Compagnie.
Batterie.

Mutation.

Partant de
le
rendre à jour de
département d
passant par
A le 18.

MINISTÈRE DE LA GUERRE

Corps d'armée.
Division.
Place de

Série
Registre
Feuillet

SOUCHE
de l'ordre de mouvement rapide, délivré à

Corps.
Bataillon.
Escadron.
Compagnie.
Batterie.

Mutation.

Partant de
le pour se
rendre à
département d
passant par

IL LUI A ÉTÉ REMIS.
1° bons pour les parcours à effectuer en chemin de fer, dont :
1 — Ligne de
1 — Ligne de
1 — Ligne de
2° Une somme de

pour se nourrir pendant jours
A le 18.

NOTA. — Les bons de chemin de fer nécessaires pour effectuer le transport sont détachés de la souche, mais de façon à ce qu'il restera adhérents à l'ordre de mouvement. L'ordre de délivrance d'ordre de mouvement est également détaché, en registre, lorsque l'ordre de mouvement est délivré, pour être ensuite surchargé au sous-intendant militaire chargé de la surveillance administrative du corps.

<table>
<tr><td>VISA ET MANDATS DÉLIVRÉS.</td><td>VISA ET MANDATS DÉLIVRÉS.</td></tr>
<tr><td>

</td><td>

</td></tr>
</table>

INSTRUCTION ET PÉNALITÉS

Dispositions administratives. — L'ordre du mouvement rapide de militaire isolé est délivré par le chef de corps ou par le commandant du bureau de recrutement, dans les conditions spécifiées par le règlement sur le service des frais de route.

Ce titre remplace la feuille de route réglementaire ; il est accompagné, quand il y a lieu, des bons de chemin de fer nécessaires pour effectuer le transport du militaire jusqu'à destination.

L'ordre du mouvement rapide est détaché d'un registre à souche, mais de façon à ce que les bons de chemins de fer à délivrer demeurent adhérents audit ordre de mouvement.

Interdiction est faite au militaire porteur de ce titre de détacher lui-même les bons de chemins de fer. Il doit présenter l'ordre de mouvement rapide et les bons qui y ont été laissés attenants, au guichet du chemin de fer en demandant son billet de place au moment de son départ, ou lorsque, pendant sa route, il doit changer de ligne. Le receveur détache l'un des bons et rend l'ordre de mouvement avec un billet de place, sans que le militaire ait à verser le prix de cette place.

Tout bon de chemin de fer présenté isolé est considéré comme nul, refusé et retiré par le receveur du chemin de fer, sans préjudice des peines encourues par le détenteur du bon.

Dès l'arrivée à destination du titulaire de l'ordre de mouvement, cette pièce doit être soumise au visa du sous-intendant militaire ou de son suppléant légal, selon les formalités prescrites par le règlement sur le service de la solde.

Dispositions pénales. — Le militaire qui se présente ou qui est rencontré sans titres en bonne forme, ou hors de la direction de la route qu'il doit tenir, est remis entre les mains de l'autorité militaire qui, selon les circonstances, le dirige sur sa destination soit isolément, soit sous la conduite de la gendarmerie.

Celui qui a perdu son ordre de mouvement en fait la déclaration à la mairie du premier gîte, en désignant la date, le lieu de délivrance et le signataire. S'il produit des titres authentiques justifiant la qualité qu'il a prise dans sa déclaration, le maire lui en donne acte, avec un sauf-conduit pour aller jusqu'à la résidence la plus rapprochée d'un commandant de bureau de recrutement, d'un sous-intendant militaire, ou d'un suppléant légal, autre qu'un maire, où sa position est examinée suivant ce qui a été dit ci-dessus.

Il est interdit à tout militaire, sous les peines les plus sévères, de se dessaisir de l'ordre de mouvement rapide, de faire trafic des bons de chemins de fer ou de les donner à qui que ce soit.

Celui qui ne se comporte pas avec décence vis-à-vis de ses hôtes ou qui exige d'eux autre chose que le lit qu'ils lui désignent et place au feu et à la chandelle, est sur-le-champ dénoncé aux autorités locales pour être arrêté et conduit de brigade en brigade.

Celui qui se permet le moindre dégât dans son logement ou dans tout autre lieu, est arrêté et conduit comme il vient d'être dit. Il est, en outre, pécuniairement responsable des conséquences du dégât par lui commis.

Les autorités civiles et militaires font arrêter tout homme porteur d'un ordre de mouvement présentant des surcharges dans l'écriture ou une altération quelconque ; elles le font conduire, de brigade en brigade, à l'autorité militaire, qui prend ou fait prendre par le général commandant une décision à son égard.

Tout militaire qui n'arrive pas à destination dans les délais qui lui sont assignés par son ordre de mouvement est puni disciplinairement.

Circulaire fixant les droits aux allocations de frais de route des militaires de la réserve de l'armée active et de l'armée territoriale qui se déplacent librement pour aller subir une punition disciplinaire.

Versailles, le 18 octobre 1876.

A MM. les Gouverneurs militaires de Paris et de Lyon ; le Gouverneur général civil de l'Algérie ; les Généraux commandant les corps d'armée ; les Intendants militaires des gouvernements militaires de Paris et de Lyon, des corps d'armée de l'Intérieur et des divisions militaires de l'Algérie.

Messieurs, j'ai été consulté sur la question de savoir comment doivent être traités les militaires appartenant à la réserve de l'armée active et à l'armée territoriale, au point de vue du droit à l'indemnité de route, lorsqu'ils se déplaceront librement pour aller subir une punition disciplinaire qui leur a été infligée.

J'ai l'honneur de vous informer que, par analogie avec la position 34 du tableau A annexé au décret du 12 juin 1867, les militaires dont il s'agit doivent recevoir l'indemnité de route, tant pour l'aller que pour le retour.

Quant aux prestations en deniers et en nature à attribuer à ces hommes, il y a lieu de se conformer aux dispositions de la circulaire du 28 juin 1876.

Le Ministre de la guerre,

Signé : Gal A. BERTHAUT.

TABLE GÉNÉRALE DES MATIÈRES.

REGLEMENT.

Paris. — Imprimerie J. DUMAINE, rue Christine, 2.

DÉCRETS

DU 9 JANVIER 1878,

MODIFIANT LES DÉCRETS

DU 12 JUIN 1867 ET DU 18 JUILLET 1876,

SUR LE SERVICE

DES FRAIS DE ROUTE

DES MILITAIRES ISOLÉS.

Le Ministre de la guerre à MM. les Gouverneurs militaires de Paris et de Lyon; le Gouverneur général civil de l'Algérie; les Généraux commandant les corps d'armée; les Intendants militaires. (*Direction générale du Contrôle et de la Comptabilité; 4ᵉ Bureau, Solde, Revues et Indemnité de route.*)

Versailles, le 10 janvier 1878.

(Envoi de deux décrets modifiant ceux des 12 juin 1867 et 18 juillet 1876, sur le service des frais de route.)

Messieurs, le décret du 18 juillet 1876, qui a modifié le décret du 12 juin 1867, sur le service des frais de route, en ce qui concerne la mise en route, dans le cas d'appel à l'activité pour les exercices, manœuvres ou revues, et dans le cas de mobilisation, des disponibles et réservistes, ainsi que des hommes de l'armée territoriale, a simplifié, d'une manière très-notable les écritures des corps et des bureaux de recrutement.

Cette nouvelle réglementation m'a paru devoir être également appliquée au renvoi de ces mêmes hommes dans leurs foyers après les périodes d'instruction, ainsi qu'au moment de la démobilisation et au renvoi ordinaire des classes de l'armée active dans leurs foyers.

Cette extension des dispositions du décret du 18 juillet 1876 n'apportera pas seulement de nouvelles simplifications dans la comptabilité, mais elle offrira encore l'avantage de traiter uniformément des hommes qui se trouvent dans des conditions identiques. Il pourrait arriver, en effet, qu'une classe fût renvoyée à la même époque que les réservistes, au moment d'une démobilisation, par exemple ; et l'on ne saurait admettre équitablement que les uns et les autres reçussent des allocations différentes.

J'avais examiné s'il ne serait pas opportun, pour les mêmes raisons, d'appliquer les mêmes règles à tous les hommes de recrue au moment de l'appel ; c'est-à-dire de leur allouer à tous, même en détachement, l'indemnité journalière de 1 fr. 25 c., ainsi que cela a lieu pour l'appel des réservistes.

Malgré les avantages qui seraient résultés de cette combinaison, puisqu'il y aurait eu, dans tous les cas et pour tous les hommes, à quelque catégorie qu'ils appartinssent, uniformité complète des règles d'allocation, il ne m'a pas paru possible de l'adopter, en temps de paix, en raison du surcroît de dépenses que son application occasionnerait.

Toutefois, comme la perception de la solde et du pain en route pour les hommes de recrue peut causer un retard préjudiciable au moment d'une mobilisation, il m'a semblé qu'il y aurait alors, à uniformiser les allocations de route, un intérêt incontestable devant lequel la question de dépense devait s'effacer. En cas de mobilisation, les hommes de recrue recevront donc les mêmes allocations que les réservistes, disponibles, etc.

J'ai pensé aussi qu'il y avait lieu de faire disparaître une anomalie qui existe relativement au taux de l'indemnité kilométrique allouée à l'adjudant réserviste rappelé à l'activité. Dans les circonstances du service courant, le tarif n° 1 du décret du 12 juin 1867 attribue à l'adjudant l'indemnité kilométrique en 2ᵉ classe, sur les voies ferrées, soit 0 fr. 023 par kilomètre (*transport au quart de place*). Mais on ne voit aucune raison de lui accorder cette faveur lorsqu'il est rappelé à l'activité ou renvoyé dans ses foyers, attendu qu'il est traité, sous le rapport de l'indemnité journalière, comme tous les autres réservistes, quel que soit leur grade.

Enfin, il m'a paru nécessaire d'apporter certaines modifications à l'article 7 du décret du 12 juin 1867, qui ne doit pas s'appliquer dans le cas d'appel pour les manœuvres d'instruction ni pour la mobilisation, ainsi qu'à l'article 29 et à l'article 71 du même décret, dont les dispositions avaient donné lieu à des difficultés d'interprétation, au sujet du décompte des indemnités journalières allouées pour les trajets effectués, soit entièrement sur les routes ordinaires, soit en partie à pied et en partie par les voies rapides. C'est dans cet ordre d'idées que j'ai fait préparer les deux décrets ci-joints qui ont été approuvés par M. le Président de la République.

Afin de faciliter l'application des nouvelles dispositions qu'ils contiennent, j'ajouterai quelques développements sur lesquels je crois devoir appeler particulièrement votre attention.

INDEMNITÉ KILOMÉTRIQUE.

Le taux de l'indemnité kilométrique sur les voies ferrées est uniformément fixé à 0 fr. 017 par kilomètre (*transport au quart de place*), pour tous les disponibles, réservistes, hommes de troupe de l'armée territoriale et hommes mis à la disposition de l'autorité militaire, quel que soit leur grade, qu'ils soient appelés à l'activité en cas de mobilisation, ou qu'ils soient convoqués en temps de paix pour des exercices, manœuvres ou revues.

Le taux de 0 fr. 017 est également applicable à tous les hommes de troupe *indistinctement* renvoyés dans leurs foyers.

Ce taux doit naturellement être doublé, conformément à l'art. 2 du décret du 19 mai 1869, pour les parcours sur les lignes ferrées où les militaires paient demi-place ; il est quadruplé si le chemin de fer n'est astreint à aucune réduction du prix de la place. Toutefois, ainsi que le prescrit la circulaire du 17 mai 1877, n° 3,714, les isolés rejoignant leur corps, en cas de guerre, étant astreints, dès le premier jour de la mobilisation, à payer demi-place sur les chemins de fer, le taux de l'indemnité kilométrique à allouer aux militaires qui y auront droit devra être doublé, c'est-à-dire porté du quart à la moitié du tarif sur toutes les lignes où le bénéfice du quart du tarif a été concédé. Mais il doit rester bien entendu que, sur les lignes d'intérêt local où les militaires paient déjà demi-place ou place entière en temps de paix, on continuera de leur allouer la double indemnité ou l'indemnité au plein du tarif, selon le cas, sans augmentation en cas de réquisition.

Ces dernières dispositions ne sont applicables qu'aux militaires mis en route isolément par les voies ferrées et astreints à payer le prix de leur place, c'est-à-dire voyageant sans ordre de mouvement rapide et ne se trouvant pas dans les conditions voulues pour être transportés par les compagnies de chemins de fer, en exécution du marché à forfait qui sera prochainement porté à votre connaissance.

INDEMNITÉ JOURNALIÈRE.

L'indemnité journalière de route est acquise à tous les disponibles et réservistes, ainsi qu'aux hommes de l'armée territoriale et aux hommes mis à la disposition de l'autorité militaire, qui ont à franchir une distance supérieure à 24 kilomètres pour se rendre isolément de leurs foyers (*domicile ou résidence légale*) à leur corps et *vice versâ*.

Cette indemnité est uniformément fixée à 1 fr. 25 par jour pour tous les hommes de troupe, et elle est décomptée, suivant la distance à franchir, d'après les règles indiquées ci-après.

La même indemnité est également due, à l'exclusion des prestations de solde, de pain et de viande, à tous ces hommes, lorsqu'ils voyagent en détachement pour se rendre du bureau de recrutement ou du chef-lieu de circonscription de réquisition à leur corps. Elle est de même acquise à tous les hommes de troupe de l'armée active, quel que soit leur grade, renvoyés dans leurs foyers et ayant plus de 24 kilomètres à parcourir, ainsi qu'aux hommes de recrue appelés en *cas de mobilisation*.

INDEMNITÉ JOURNALIÈRE SPÉCIALE.

Une indemnité journalière *spéciale* de 1 fr. 25, payée comme la précédente sur les fonds de l'indemnité de route, est allouée à l'homme qui a à parcourir une distance égale ou inférieure à 24 kilomètres pour se rendre à son corps; elle est acquise également à celui qui habite dans le lieu même de réunion. Cette indemnité *spéciale* est destinée à subvenir aux besoins de l'homme pendant la journée d'arrivée à son corps, et elle ne peut se cumuler avec l'indemnité journalière de route ni avec d'autres prestations en deniers et en nature.

Dans un but d'unification, ladite indemnité spéciale est attribuée, dans les mêmes conditions, *mais en cas de mobilisation seulement*, pour le jour de leur arrivée au corps, aux hommes de recrue, qui, partant isolément de leur domicile ou de leur résidence légale, ont à franchir une distance égale ou inférieure à 24 kilomètres et n'ont, par conséquent, pas droit à l'indemnité de route.

Ces hommes, comme les réservistes, n'entreront en solde qu'à dater du lendemain de leur arrivée au corps.

RÈGLES A SUIVRE POUR LE DÉCOMPTE DES ALLOCATIONS DE ROUTE AUX HOMMES DE TROUPE.

INDEMNITÉ JOURNALIÈRE DE ROUTE.

Le calcul des indemnités journalières de route, pour les trajets de plus de 24 kilomètres, est établi d'après le nombre de kilomètres effectivement parcourus par les hommes depuis leur domicile ou résidence légale jusqu'au lieu de convocation.

Sur les routes ordinaires, il est alloué autant de fois l'indemnité journalière de 1 fr. 25 que la distance parcourue comprend de fois 24 kilomètres, soit que le trajet s'effectue sur les lignes d'étapes, soit qu'il s'effectue en dehors de ces lignes.

Dans le décompte de ces indemnités, les fins de parcours ne donnent droit à une indemnité journalière qu'autant qu'elles sont supérieures à 12 kilomètres. (*Voir au tableau ci-après l'exemple de Rénier.*)

Sur les voies ferrées, l'indemnité journalière de route est allouée, pour les hommes voyageant isolément au delà de 24 kilomètres (*Voir Duteurtre*) et autant de fois que le nombre de kilomètres parcourus contient 360 kilomètres. Les fins de parcours ne donnent droit à une indemnité journalière supplémentaire que si elles sont supérieures à 40 kilomètres (*Voir Lagable*). En ce qui concerne les hommes formés en détachement, chaque journée passée en route donne droit à une indemnité journalière.

En diligence, l'indemnité journalière de route est allouée, pour les hommes voyageant isolément, autant de fois que le nombre de kilomètres parcourus contient 120 kilomètres. Les fins de parcours ne donnent droit à une indemnité journalière supplémentaire que si elles sont supérieures à 12 kilomètres.

Routes ordinaires et voies ferrées. — Lorsque le parcours emprunte les deux modes de locomotion, à pied et en chemin de fer, le décompte des indemnités journalières de route s'établit comme il suit :

On calcule le nombre des indemnités journalières dues, à raison d'une indemnité par 24 kilomètres parcourus à pied et par 360 kilomètres franchis en chemin de fer. Le nombre d'indemnités ainsi obtenu est augmenté, en raison des fins de parcours, dans les conditions indiquées aux alinéas numérotés 1°, 2° et 3° de l'article 71 modifié du décret du 12 juin 1867, dont l'application est donnée dans les exemples suivants, portant respectivement les mêmes numéros que les alinéas précités.

1° 35 kilomètres à pied et 380 en chemin de fer donnent droit à 3 indemnités journalières, savoir : pour 24 à pied et 360 en chemin de fer, 2 indemnités; pour les fins de parcours, 11 kilomètres à pied et 20 en chemin de fer, 1 indemnité supplémentaire, puisque $\frac{20}{15}$ de kilomètre est plus grand que 1 kilomètre et que ce quotient, ajouté aux 11 kilomètres à franchir à pied, donne une fin de parcours totale supérieure à 12, mais n'excédant pas 36 kilomètres (*Voir Grosjean*);

36 kilomètres à pied et 359 en chemin de fer donnent droit à 2 indemnités journalières, savoir: pour 24 kilomètres à pied 1 indemnité ; pour les fins de parcours, 12 kilomètres à pied et 359 en chemin de fer, 1 indemnité supplémentaire, puisque $\frac{359}{15}$ ou 24 kilomètres environ ajoutés aux 12 kilomètres à franchir à pied donnent une fin de parcours totale qui n'est pas supérieure à 36 kilomètres (*Voir Dubois*);

2° 47 kilomètres à pied et 200 en chemin de fer donnent droit à trois indemnités journalières, savoir : pour 24 à pied 1 indemnité; pour les fins de parcours de 23 kilomètres à pied et 200 kilomètres en chemin de fer, 2 indemnités supplémentaires, puisque le quotient de 200 kilomètres par 15 est un nombre supérieur à 13 kilomètres qui, ajouté aux 23 kilomètres franchis à pied, donne une fin de parcours totale supérieure à 36 kilomètres (*Voir Périsse*);

18 kilomètres à pied, 300 en chemin de fer donnent droit à

2 indemnités journalières, puisque ces deux trajets, traités comme 2 fins de parcours partielles, sont équivalents à un trajet à pied supérieur à 36 kilomètres ($18^k + \frac{300}{15}^k$ est plus grand que 36 kilomètres) (*Voir Lejeune*);

3° 6 kilomètres à pied et 395 en chemin de fer, de même que 30 kilomètres à pied et 35 kilomètres en chemin de fer donnent droit à 2 indemnités journalières, parce que, dans les deux cas, la somme des 2 fins de parcours partielles, 6 kilomètres à pied et 35 kilomètres en chemin de fer, est supérieure à 40 kilomètres (*Voir Saint-Aubin et Bobard*).

Ces diverses manières de décompter les indemnités journalières afférentes aux fins de parcours se justifient d'elles-mêmes.

D'une part, en effet, il était équitable, comme le prescrit l'alinéa numéroté 3° de l'article 71 modifié du décret du 12 juin 1867, d'accorder à un homme qui franchit 2 fins de parcours, en partie à pied et en partie par les voies ferrées, au moins la même indemnité à laquelle il aurait droit s'il franchissait la même distance totale comme fin de parcours en chemin de fer. D'autre part, il fallait tenir compte du cas où, en raison de la longueur de la fin de parcours à pied, l'homme ne serait pas suffisamment indemnisé si l'on faisait le décompte comme si le trajet total était effectué en chemin de fer. C'est ce qui a conduit, dans les deux cas prévus aux alinéas 1° et 2° de l'article 71 modifié du décret du 12 juin 1867, à faire le décompte des indemnités comme si les 2 fins de parcours étaient franchies à pied, mais en divisant la fin de parcours en chemin de fer par le nombre 15, qui est le rapport entre les distances de 360 kilomètres et de 24 kilomètres représentant une journée de route, d'une part sur les voies ferrées, d'autre part sur les routes ordinaires.

L'application de ces dispositions est très-facile ; elle se trouve d'ailleurs simplifiée si, au moyen d'un calcul tout élémentaire, fait d'après les bases précédemment fixées, on se rend compte : 1° que les 2 fins de parcours ne peuvent donner droit à 2 indemnités qu'autant que leur somme est supérieure à 218 kilomètres, ce qui aurait lieu, à la limite inférieure, pour 2 fins de parcours, l'une de 23 kilomètres à pied, et l'autre de 196 kilomètres en chemin de fer ; 2° que 2 fins de parcours dont la somme n'excède pas 40 kilomètres ne donnent jamais droit à une indemnité lorsque la fin de parcours à pied n'excède pas elle-même 10 kilomètres.

Ces observations permettent de traduire les règles données par le nouvel article 71, pour le calcul des indemnités journalières afférentes aux fins de parcours mixtes, au moyen des formules suivantes à l'aide desquelles on pourra, dans la plupart des cas, décompter immédiatement le nombre d'indemnités dues, sans être obligé de diviser par 15 la fin de parcours en chemin de fer.

A.—Les 2 fins de parcours donnent droit à une seule indemnité lorsque leur somme est supérieure à 40 kilomètres et qu'elle ne dépasse pas sensiblement 200 kilomètres (la limite exacte est 218 kilomètres (*Voir Saint-Aubin et Bobard*).

B. — Si le total des 2 fins de parcours n'excède pas 40 kilomètres, il donne naturellement droit à une indemnité lorsque la fin de parcours à pied seule est supérieure à 12 kilomètres; il n'y donne pas droit lorsque cette fin de parcours à pied n'excède pas 10 kilomètres.

C'est donc seulement lorsque la fin de parcours à pied est supérieure à 10 kilomètres et au plus égale à 12 kilomètres, qu'il y a lieu de diviser mentalement par 15 la fin de parcours en chemin de fer, pour voir si ce quotient, ajouté à la fin de parcours à pied, donnera un total supérieur à 12 kilomètres ouvrant le droit à une indemnité journalière, conformément à l'alinéa numéroté 1° de l'article 71 modifié du décret du 12 juin 1867 (*Voir Grosjean*).

C. — Si le total des 2 fins de parcours excède sensiblement 200 kilomètres (218 en nombre exact), l'opération doit se faire comme il est prescrit à l'alinéa numéroté 1° de l'article 71 précité, pour voir s'il y a lieu d'allouer de ce fait 1 ou 2 indemnités (*Voir Périsse et Lejeune*). Toutefois, ce calcul pourra être évité lorsque la fin de parcours à pied n'excédera pas 12 kilomètres; car, dans ce cas, quelle que soit la fin de parcours en chemin de fer, l'opération ne donnera jamais un total équivalent à une distance supérieure à 36 kilomètres franchis à pied (*Voir Dubois*).

D. — Il reste, d'ailleurs, acquis que, si les deux trajets partiels à pied ou en chemin de fer ne donnent droit, ni séparément ni ensemble, à une indemnité journalière de route dans les conditions indiquées précédemment, une indemnité journalière est, néanmoins, allouée, conformément aux dispositions de l'art. 1er du décret du 18 juillet 1876 et des nouveaux décrets, lorsque l'ensemble des deux trajets dépasse 24 kilomètres (*Voir Dérozier*).

Routes ordinaires et diligences. — Lorsque, dans les circonstances exceptionnelles prévues par l'art. 8 du décret du 12 juin 1867, le parcours emprunte les deux modes de locomotion, à pied et en diligence, le décompte s'établit sans difficulté comme il est dit à l'art. 71 modifié du décret du 12 juin 1867, puisque, conformément à l'article 28 et à l'article 29 modifié dudit décret, les fins de parcours au delà desquelles s'ouvre le droit à une indemnité journalière de route supplémentaire sont égales à 12 kilomètres, aussi bien à pied qu'en diligence.

Routes ordinaires, voies ferrées et diligences. — Dans le cas tout à fait exceptionnel où le trajet emprunte les trois modes de locomotion, à pied, en chemin de fer et en diligence, le décompte du nombre d'indemnités journalières dues se fait comme il est dit précédemment pour les parcours effectués sur les voies ordinaires et sur les voies ferrées, après avoir ajouté le triple du trajet en diligence à la distance à franchir en chemin de fer.

INDEMNITÉ JOURNALIÈRE SPÉCIALE.

(Voir au tableau ci-après l'exemple du nommé *Marceau*).

INDEMNITÉ KILOMÉTRIQUE.

Routes ordinaires.—Aucune indemnité kilométrique n'est allouée aux hommes voyageant sur les routes ordinaires.

Voies ferrées. Diligences.—Lorsque le trajet s'effectue complétement par les voies ferrées, les hommes qui n'ont à franchir qu'une distance égale ou inférieure à 24 kilomètres n'ont pas droit à l'indemnité kilométrique.

Cette indemnité est, au contraire, allouée pour tout trajet en chemin de fer supérieur à 24 kilomètres.

La même règle est applicable pour l'allocation de l'indemnité en diligence, lorsque ce mode de locomotion est prescrit aux hommes de troupe dans les circonstances tout à fait exceptionnelles prévues par l'art. 8 du décret du 12 juin 1867.

Routes ordinaires et voies ferrées ou diligences.—Lorsque le trajet a lieu en partie sur les routes ordinaires et en partie sur les voies ferrées, ou exceptionnellement en diligence, et lorsque la distance totale excède 24 kilomètres, l'indemnité kilométrique est allouée, mais seulement pour le parcours effectué en chemin de fer ou en diligence.

RENVOI DES HOMMES DANS LEURS FOYERS.

Les règles ci-dessus devront être appliquées pour le renvoi des réservistes, disponibles, etc., après les périodes d'instruction ou à la démobilisation et pour le renvoi ordinaire des classes de l'armée active dans leurs foyers.

Mais, tout trajet égal ou inférieur à 24 kilomètres pour rentrer au domicile ou à la résidence légale ne peut donner droit à aucune allocation.

TABLEAU pour servir au décompte de l'indemnité de route à des réservistes convoqués pour exercices ou manœuvres et rejoignant directement à X...

NOMS ET PRÉNOMS	LIEUX DE DÉPART.		NOMBRE DE KILOMÈTRES à parcourir		JOURNÉES de route à raison de 1 fr. 25 par jour.	MONTANT de l'indemnité kilométrique.	MONTANT de l'indemnité journalière.	TOTAL du décompte.	Indemnité journalière spéciale de 1 fr. 25 pour la journée d'arrivée aux hommes qui n'ont pas droit à l'indemnité de route.	OBSERVATIONS.
	Communes.	Cantons.	sur les voies de terre.	sur les voies ferrées.						
Rénier, Jules..............	A	Z	33	»	1	»	1 25	1 25	»	
Duteurtre, Gustave..........	B	B	»	25	1	0 425	1 25	1 675	»	1 Y compris les 10 centimes de droit de timbre dont sont frappés les billets de place de chemins de fer d'un prix supérieur à 10 fr. (Note ministérielle du 21 juin 1872).
Lagable, Henri.............	C	Y	»	600	2	10 30¹	2 50	12 80	»	
Grosjean, Alfred.....	D	V	35	380	3	6 49	3 75	10 24	»	
Dubois, Pierre.............	E	U	36	359	2	6 103	2 50	8 603	»	
Périsse, Victor........	F	T	47	200	3	3 40	3 75	7 15	»	
Lejeune, Paul..............	G	S	48	300	2	5 40	2 50	7 60	»	
Saint-Aubin, Emile..........	H	H	6	393	2	6 745	2 50	9 245	»	
Bonard, Jean................	I	I	30	35	2	0 595	2 50	3 095	»	
Dérozier, Louis.............	K	R	6	49	1	0 323	1 25	1 573	»	
Marceau, Jean-Baptiste........	L	L	22	»	»	»	»	»	1 25	

Telles sont, Messieurs, les instructions que j'ai cru devoir vous adresser, en vous priant de veiller, chacun en ce qui vous concerne, à la stricte application des dispositions contenues dans les nouveaux décrets. Elles devront être mises à exécution à partir du 1er février 1878.

Agréez, etc.

Le Ministre de la guerre,

Signé : Gal BOREL.

Rapport au Président de la République française sur les modifications à apporter aux décrets des 12 juin 1867 et 18 juillet 1876, relatifs aux frais de route des militaires isolés.

Versailles, le 9 janvier 1878.

Monsieur le Président,

La mise en vigueur du décret du 18 juillet 1876, qui a modifié le décret du 12 juin 1867 sur le service des frais de route des militaires isolés, en ce qui concerne la mise en route, en cas d'appel à l'activité ou de mobilisation des disponibles et des réservistes, ainsi que des hommes de l'armée territoriale, a démontré la nécessité d'y introduire certaines modifications, afin de compléter l'uniformité dans le taux des allocations de route et la simplification dans les écritures des corps et des bureaux de recrutement.

J'ai pensé qu'il y avait lieu, dans ce but, d'appliquer les dispositions de ce décret au renvoi de ces mêmes hommes après les périodes d'instruction ou à la démobilisation, et d'en étendre le principe au renvoi ordinaire des classes de l'armée active dans leurs foyers. De cette manière, tous les hommes, dans des conditions identiques, seraient traités indistinctement sur le même pied.

J'ai examiné également s'il ne serait pas opportun d'accorder à tous les hommes de recrue, au moment de l'appel sous les drapeaux, l'indemnité journalière de 1 fr. 25, même en détachement, ainsi que cela a lieu pour l'appel des réservistes.

Mais, malgré les avantages de simplifications que ce mode de procéder, unique et uniforme, pourrait présenter, il ne m'a pas paru possible de l'adopter, en raison du surcroît de dépense que son application occasionnerait.

Toutefois, en cas de mobilisation, je reconnais qu'il y aurait, à uniformiser les allocations de route, un intérêt incontestable devant lequel la question de dépense doit s'effacer.

Il conviendrait donc de maintenir pour l'appel, en temps de paix, des jeunes soldats des deux portions du contingent, les allocations spéciales fixées aux observations genérales du décret du 25 décembre 1875, mais pour la mobilisation, en cas de guerre, d'appliquer à tous indistinctement, les dispositions relatives aux allocations de route déterminées par le décret du 18 juillet 1876.

L'article 2 de ce décret a fixé uniformément à 1 fr. 25 le taux de l'indemnité journalière à accorder à tout disponible, réserviste ou homme de l'armée territoriale, quel que soit son grade. Il m'a paru opportun d'unifier également le taux de l'indemnité kilométrique sur les voies ferrées, lequel sera fixé uniformément à 0 fr. 017 par kilomètre (transport au quart du tarif) pour tous les hommes de troupe, quel que soit leur grade, renvoyés dans leurs foyers.

Enfin, il m'a paru utile de modifier les dispositions des articles 7, 29 et 71 du décret du 12 juin 1867 et d'accorder à tous les isolés indistinctement, lorsque le trajet est supérieur à 24 kilomètres, une journée de route pour chaque distance de 24 kilomètres franchie à pied, sans tenir compte des longueurs réglementaires portées sur le livret des gîtes d'étapes; cette nouvelle mesure ferait disparaître les erreurs ou difficultés dans le décompte des indemnités journalières allouées pour les trajets à pied effectués par des hommes isolés, sur les routes ordinaires.

Si vous approuvez les propositions que j'ai l'honneur de vous soumettre, je vous prierai, Monsieur le Président, de vouloir bien revêtir de votre sanction les projets de décret ci-joints.

Veuillez agréer, Monsieur le Président, l'hommage de mon respectueux dévouement.

Le Ministre de la guerre,

Signé : Gal BOREL.

Décret modifiant le décret du 12 juin 1867, sur le service des frais de route des militaires isolés.

Versailles, le 9 janvier 1878.

LE PRÉSIDENT DE LA RÉPUBLIQUE FRANÇAISE,

Vu le décret du 12 juin 1867, portant règlement sur les frais de route des militaires isolés;

Vu les décrets des 11 janvier 1868, 19 mai 1869, 12 octobre 1871, 25 décembre 1875 et 18 juillet 1876, apportant certaines modifications audit règlement;

Sur le rapport du Ministre de la guerre,

Décrète :

Art. 1er. Les articles 7, 29 et 71 du décret du 12 juin 1867 susvisé sont remplacés par les articles suivants :

Cas où les sous-officiers et soldats voyagent à pied, à l'exclusion des chemins de fer.

ARTICLE 7.

Les sous-officiers et soldats voyagent à pied lorsque ce mode de locomotion présente une économie sur l'emploi des voies ferrées, et qu'en même temps le trajet ne dépasse pas quatre distances d'étape.

Cette disposition n'est pas applicable dans le cas de mobilisation, ni dans le cas de convocation des hommes que l'autorité militaire peut appeler momentanément en temps de paix.

Voyages à pied par étapes.

ARTICLE 29.

Lorsque le trajet à parcourir sur les routes ordinaires est supérieur à 24 kilomètres, il est accordé à tous les isolés indistinctement une journée de route pour chaque distance de 24 kilomètres franchie à pied, sans tenir compte des longueurs réglementaires portées sur le livret des gîtes d'étapes.

Les fins de parcours supérieures à 12 kilomètres donnent seules droit à une journée de route supplémentaire.

Cas de transport en chemin de fer et en diligence, et de trajets à pied par étapes.

ARTICLE 71.

Si un trajet à pied par étapes précède ou suit un parcours en chemin de fer, on décompte les délais de route à raison d'une journée par 24 kilomètres franchis à pied et par 360 kilomètres franchis en chemin de fer. Le nombre de jours de route ainsi obtenu est augmenté en raison des fins de parcours dans les conditions suivantes :

1° On ajoute une journée de délai supplémentaire lorsque, en divisant la fin de parcours en chemin de fer par 15, rapport de 360 kilomètres à 24 kilomètres, et en ajoutant le quotient de cette division à la fin de parcours à pied, on obtient un total supérieur à 12 kilomètres et inférieur ou égal à 36 kilomètres ;

2° On ajoute deux journées de délai supplémentaire lorsque la même opération donne un total supérieur à 36 kilomètres ;

3° On ajoute une journée de délai supplémentaire lorsque cette opération ne donnant pas un total supérieur à 12 kilomètres, la somme des deux fins de parcours réelles est néanmoins supérieure à 40 kilomètres, limite minima au delà de laquelle s'ouvrirait le droit à une nouvelle journée de route si les deux fins de parcours étaient franchies en chemin de fer au lieu de l'être en partie à pied et en partie sur les voies ferrées.

Si un trajet par étapes précède ou suit un parcours en diligence, on décompte les délais de route à raison d'une journée pour 24 kilomètres franchis à pied, et par 120 kilomètres franchis en diligence. On totalise ensuite les deux fins de parcours partielles et, si leur somme excède 12 kilomètres, on ajoute une journée supplémentaire de délai.

Si le parcours total emprunte les trois modes de locomotion, à pied, en chemin de fer et en diligence, on triple les distances à franchir en diligence, et on les ajoute aux distances à parcourir en chemin de fer, comme il est dit à l'article 70, puis on fait le décompte des délais de route conformément aux indications des quatre premiers alinéas du présent article.

Art. 2. Le présent décret est applicable à partir du 1er février 1878.

Art. 3. Les Ministres de la guerre, de la marine, des affaires étrangères, de l'intérieur, de la justice et des finances sont chargés, chacun en ce qui le concerne, de l'exécution du présent décret, qui sera inséré au *Bulletin des lois*.

Fait à Versailles, le 9 janvier 1878.

Signé : M^{al} DE MAC-MAHON.

Par le Président de la République :

Le Ministre de la guerre,

Signé : Gal BOREL.

Décret modifiant le décret du 18 juillet 1876, sur le service des frais de route des militaires isolés.

Versailles, le 9 janvier 1878.

LE PRÉSIDENT DE LA RÉPUBLIQUE FRANÇAISE,

Vu le décret du 12 juin 1867, portant règlement sur les frais de route des militaires isolés ;

Vu les décrets des 11 janvier 1868, 19 mai 1869 et 12 octobre 1871 ; les décisions présidentielles des 3 mai et 15 octobre 1875, et les décrets des 25 décembre 1875 et 18 juillet 1876, apportant certaines modifications audit règlement ;

Vu l'ordonnance du 25 décembre 1837, portant règlement sur le service de la solde et des revues ;

Vu la loi du 18 novembre 1875, ayant pour objet de coordonner avec le Code de justice militaire, les lois des 27 juillet 1872, sur le recrutement, 24 juillet 1873, sur l'organisation générale de l'armée, 13 mars 1875, sur les cadres et les effectifs de l'armée active et de l'armée territoriale et 19 mars 1875, relative à la mobilisation ;

Sur le rapport du Ministre de la guerre,

DÉCRÈTE :

Art. 1er. Les articles 1, 2, 3 et 4 du décret du 18 juillet 1876 sont remplacés par les articles suivants :

ARTICLE 1er.

L'indemnité de route ne sera plus désormais acquise, soit aux disponibles et aux réservistes de l'armée active, soit aux hommes de troupe de l'armée territoriale et aux hommes mis à la disposition de l'autorité militaire, qu'autant qu'ils auront à franchir plus de 24 kilomètres, tant sur les routes ordinaires que sur les chemins de fer ou même en diligence (1).

Cette mesure est applicable aux jeunes soldats de la 1re et de la 2e portion du contingent appelés à l'activité.

ARTICLE 2.

Le taux de l'indemnité journalière à accorder à tous les disponibles et réservistes, ainsi qu'aux hommes de troupe de l'armée territoriale et aux hommes mis à la disposition de l'autorité militaire, quel que soit leur grade, et qu'ils soient ou non formés en détachement, est uniformément fixé à 1 fr. 25 c., à l'exclusion des prestations de solde, de pain et de viande, depuis le jour où ils quittent leur domicile ou leur résidence légale, jusqu'au jour inclus de leur arrivée au corps auquel ils sont affectés, ou de leur embarquement pour l'Algérie.

Le taux de l'indemnité kilométrique sur les voies ferrées est uniformément fixé à 0 fr. 017 (transport au quart du tarif) pour tous ces hommes, quel que soit leur grade.

Ces mêmes indemnités leur sont également dues pour le retour ; elles sont aussi attribuées à tous les hommes de troupe de l'armée active, quel que soit leur grade, renvoyés dans leurs foyers ; mais, dans ces deux cas, tout trajet inférieur ou égal à 24 kilomètres à

---

(1) Pour l'emploi de ce dernier mode de locomotion, il n'est dérogé en rien aux dispositions de l'article 8 du décret du 12 juin 1867, en ce qui concerne les cas tout à fait exceptionnels prévus par cet article et les autorités qui peuvent prescrire l'emploi des diligences.

parcourir pour rentrer au domicile ou à la résidence légale ne donne droit à aucune allocation.

En ce qui concerne les jeunes soldats appelés sous les drapeaux, ils n'ont droit, en temps de paix, qu'aux allocations spéciales fixées par le décret du 25 décembre 1875 pour les hommes de recrue avant leur arrivée au corps. Toutefois, *en cas de mobilisation*, les dispositions arrêtées par le présent décret pour les disponibles, réservistes, etc., leur sont applicables.

ARTICLE 3.

Par modification aux prescriptions de l'article 23 de l'ordonnance du 25 décembre 1837, une indemnité journalière de 1 fr. 25 c. est allouée, sous le nom de *indemnité journalière spéciale*, à l'exclusion de la solde, du pain et de la viande, pour la journée de leur arrivée, aux disponibles et réservistes, ainsi qu'aux hommes de l'armée territoriale et aux hommes mis à la disposition de l'autorité militaire, qui rejoignent directement leur corps et qui, ayant à franchir une distance de 24 kilomètres et au-dessous, n'ont pas droit à l'indemnité de route.

Cette indemnité journalière spéciale est accordée dans les mêmes conditions, *mais seulement en cas de mobilisation*, aux hommes de recrue qui se rendent isolément à leur corps.

L'indemnité journalière spéciale, comme l'indemnité journalière de route, est payée sur les fonds de l'indemnité de route.

ARTICLE 4.

Les cadres de conduite envoyés par les corps au bureau de recrutement pour y chercher leurs réservistes, ou au chef-lieu de circonscription pour y prendre les animaux requis, ont droit, pendant toute la durée de leur mission, à l'indemnité journalière fixée par le décret du 12 juin 1867, modifié par l'article 31 du décret du 25 décembre 1875, à l'exclusion de la solde, de la viande et du pain.

Mais les cadres de conduite qui vont des bataillons actifs d'un corps au dépôt de ce corps et *vice versâ*, pour ramener les malingres à ce dépôt et y prendre les réservistes, seront, ainsi que les malingres et les réservistes nouvellement incorporés, traités comme les détachements habituels de troupes en marche.

Les dispositions du décret du 12 juin 1867 continueront d'être applicables aux officiers de réserve et assimilés de l'armée active, ainsi qu'aux officiers et assimilés de l'armée territoriale, en cas d'appel à l'activité ou de mobilisation.

Art. 2. Il n'est rien changé aux dispositions des articles 5 et 6 du décret du 18 juillet 1876.

Art. 3. Les modifications apportées au décret du 18 juillet 1876, par le présent décret, recevront leur exécution à partir du 1er février 1878.

Art. 4. Les Ministres de la guerre, de la marine, des affaires étrangères, de l'intérieur, de la justice et des finances sont chargés, chacun en ce qui le concerne, de l'exécution du présent décret, qui sera inséré au *Bulletin des lois*.

Fait à Versailles, le 9 janvier 1878.

Signé : M^{al} DE MAC-MAHON.

Par le Président de la République :

Le Ministre de la guerre,

Signé : Gal BOREL.

COLLATIONNÉ :
Le Chef du bureau des Archives,
H. HENNET.

VU :
Le Chef de service,
A. DE MAMONY.

CERTIFIÉ conforme :
Paris, le 19 janvier 1878.
*Le Directeur général du Contrôle
et de la Comptabilité de la guerre*,
E. RENAUDIN.

Paris. — Imprimerie J. DUMAINE, rue Christine, 2.

PARIS. — IMPRIMERIE J. DUMAINE, RUE CHRISTINE, 2.

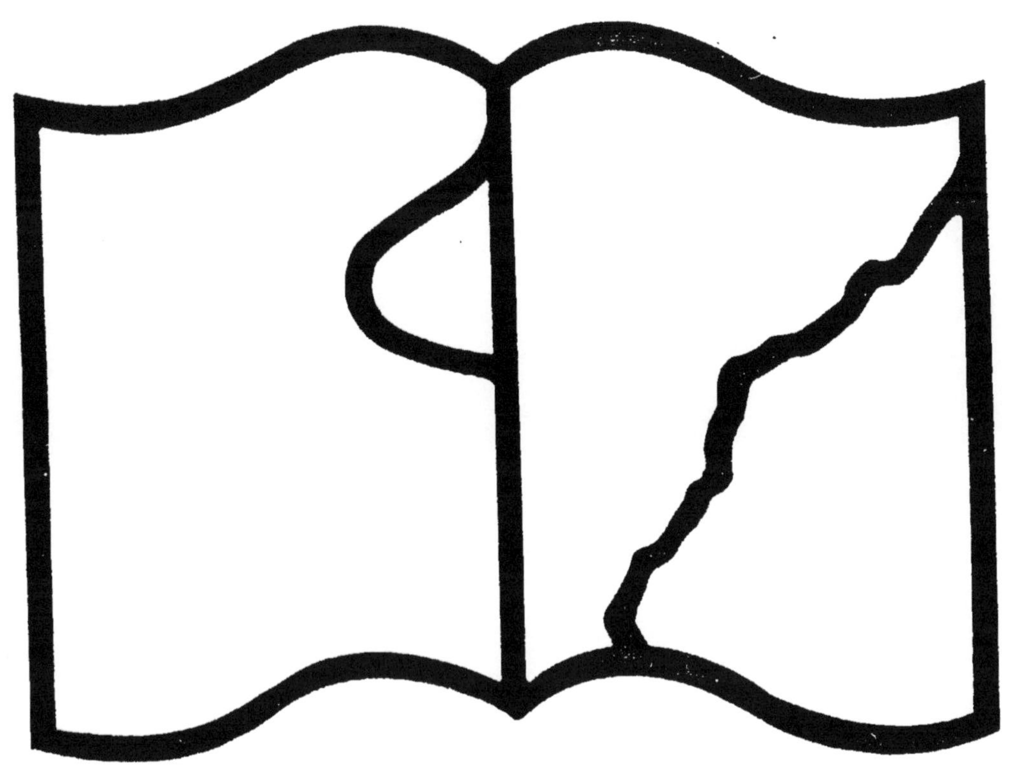

Texte détérioré — reliure défectueuse

NF Z 43-120-11

www.ingramcontent.com/pod-product-compliance
Ingram Content Group UK Ltd.
Pitfield, Milton Keynes, MK11 3LW, UK
UKHW021210140726
13695UKWH00002B/449